沉默的若瑟

JOSEPH THE SILENT

Michel Gasnier O.P.

目　錄

序

　　有關聖若瑟的生平事蹟福音祇給了我們極少的報導，突然他出現了；一點也沒有提及他的出生日期，他早年的生活，他去世的日期也無從得知，一點記錄也沒有。然而若根據新約粗畧提到他的資料來衡量他的偉大，將是一個巨大的錯誤。

　　福音從不言詞累贅的，事實上，有關童貞聖母的一生也祇提到一點點吧了；祇在那些必要的事蹟上才稍為提及，而那又是和降生奧跡有密切關連的。我們需要深入研討聖經才可把它的寶藏發掘出來。述及聖若瑟的文本藏有極深的意義，它們給我們的細節雖寥寥可數；但加以默想之後，會獲得很大的光照，足以令我們構成一幅真實精緻而描繪出極有吸引力的圖像；把若瑟那晦暗隱退的生活，變得生動而又令人著迷。那最先見到的昏暗，卻突然閃耀、光華四射。對那些經文越深入研究，越忠信地默想，越能發現那深藏的真理光輝，越瞭解那偉大、美好的啟示。

　　為發掘聖經的緘默，本書論及聖若瑟是按照我前一部作品——*Thirty Visits to our Lady of Nazareth*（拜訪納匝肋聖母三十次）同一信念來撰寫。這是嘗試重組若瑟一生的事蹟，希望引起人們研究他的靈修，他在本書被稱為「沉默的」，以強調他那極富吸引力的個性。

　　有人或許會問，這本書是否僅出於想像？答案：「肯定不是。」它盡所能遵從福音的記載，並且與教會的教義一致。另一方面，分別從教父們、聖師們、神學家們與聖人行傳等作者的默想和著作中取得有力的佐證。

此外，還參照聖經以外的當代史料，這些資料有助於將聖人的生平置於當時的地理及歷史背景之內。達尼爾·洛甫斯(Daniel-Rops)說得極對：「童貞聖母的早期生活就在那時期中度過，而預報救主誕生及聖子誕生的所在地，都是人人熟悉的古老歷史事蹟。」這也歸功於若瑟夫(Flavius Josephus)和塔耳慕得(Talmud)所提供有關當代以色列人習俗大量的資料，使能準確地描繪出那時候一個虔誠守法的猶太人的日常生活。

教會極力提升聖若瑟的地位，按着他謙虛自下的尺度去顯揚他。作者希望這些篇章能夠增加大家對聖若瑟的敬禮。

我們可重溫聖女德蘭(St. Teresa)就這題材所寫的：「我不記起任何曾祈求聖若瑟而得不到恩典的，我也因透過他的轉求而得到天主賞賜我的一切恩寵而驚嘆不已，亦因他從靈魂肉身的危險中救拔我而感到驚奇。我覺得天主好像賦與某位聖人某種特殊能力來幫助人；但從經驗得知，若瑟能幫助我們任何的需要。似乎天主要我們知道，祂在世時謙遜地服從了若瑟，因他確實履行了父親的職責，現在在天堂上祂也絕不拒絕他的轉求。」

方濟各雅各伯(Francis Jammes)以詩歌般的言詞繼續聖女德蘭的思緒，寫道：「我親愛的，我給你保證，他像我們中的一分子，肩負着工具，四出走動，並從他的鬍子露出微笑……他絕不會捨棄你的。」

譯　序

事事有定時，天下事皆有定時。（訓 3:1）

凡事包容，凡事信賴，
凡事盼望，凡事忍耐。（格前 13:7）

內子離世，瞬近二年，哀悼傷痛，無時或已。孤獨之中，日夕懇求上主慈爛，賜伊永安，早登天國。又念與其暗自飲泣，莫若求主賜助，力圖振作，乃出吾人六十年前所譯《沈默的若瑟》初稿重行釐訂。（內子病重之前，曾將部份輸入電腦，旋病勢加劇，力不從心，撒手塵寰，悲夫。）幸得近半世記之摯友崔和桂修女之關切垂顧，慰勉有加。復不辭奔走之勞，力謀拙譯文所佈，商得清泉出版社社長之助，惠予刊行，感激無限，謹此一併致謝。

崔修女又徵得蕭秀紅修女慷慨匡助。修女本職在身，事務繁忙，仍不惜犧牲休息時間，迅將譯稿全部輸入電腦，同時增刪潤飾，無微不至，一字一畫，洞察分明，乃聖女小德蘭「成全之道」之至高表現，我心存感激，不知何以為報，惟有祈求上天賜伊神形康泰，德化日隆而已矣。

憶孩提時代，大姊嘗教以時懷感恩之心，如今乃虔誠誦讀謝主之詩：

我該如何感謝上主，謝祂賜我一切恩佑。我要舉起救恩之爵杯，我要呼籲上主之名號。（詠 116:12–13）因為祂的仁愛厚加於我們，上主的忠誠心要永遠常存。（詠 117:2）

際此「大聖若瑟」聖教會主保頒布一百五十周年紀念之慶，頌揚聖家之長，乃實至名歸之事，乃誠心恭誦：

耶穌至聖之心，矜憐我等。
聖母無沾之心，為我等祈。
大聖若瑟，為我等祈。

梁偉德謹誌

主曆 2021 年 5 月 1 日

聖若瑟瞻禮

出版者註

　　道明會會士 Michel Gasnier 被祝聖為司鐸後，在巴黎服務了 25 年。隨後，他被任命為道明會退省中心院長，該退省中心與著名的 Le Saulchoir 修道院毗鄰。在服務退省中心期間這位聖經學者仍能著作了二十多本與聖經和神學有關的書籍。Pére Gasnier 於 1964 年 7 月 1 日結束他在世的生命。

　　本書自第一版出版以來，教會有關聖若瑟的訓導和敬禮有着顯著的進展，毫無疑問，Pére Gasnier 已把這些收錄在修訂版中。在梵蒂岡第二屆大公會議第一會期結束時，教宗若望廿三世宣布將聖若瑟的名字加入感恩經第一式裏。在這個由聖神召集、代表整個教會的大公會議中，重新聖若瑟一生的美德及在天主的臨在下、在平凡的生活中履行天主使命的超性價值。

　　在教宗良十三世《豐沛恩寵》通諭百年紀念，教宗若望保祿二世於 1989 年 8 月頒布《救主的監護人》（*Redemptoris Custos*）宗座勸諭，論聖若瑟在基督和教會生命中的位格和使命。

　　為紀念聖若瑟奉為普世教會主保一百五十週年，教宗方濟各於 2020 年聖母始胎無染原罪節日頒布了《以父親的心》（*Patris Corde*）宗座牧函，以七個父親的形象來描繪聖若瑟：受愛戴的父親、溫良慈愛的父親、服從的父親、接納的父親、富有創意的勇氣的父親，勞動的父親、反映天父影像的父親。教宗同時欽定從 2020 年 12 月 8 日到 2021 年 12 月 8 日為「聖若瑟年」。

1

若瑟在舊約中的預像

像他這樣的人，有天主的神住在他內，
　　我們豈能找着另一個？（創 41:38）

歷代以來，基督徒意識到若瑟在耶穌降生的奧跡中佔着獨特的位置。他們也知道舊約是新約的預告。因此，許多人極力從天主選民的歷史中去發掘那些有關耶穌貞潔的父親的徵象和預示。

舊約中有幾位人物，他們的使命和德行和若瑟極為近似，因而引起人們的注意。

聖祖諾厄是其中之一，洪水減退時，他放出的鴿子啣着一根青翠的橄欖枝飛回方舟，表示大雨已停止；這是聖母的守護者——若瑟的預象：瑪利亞，那不可思議的鴿子，孕育耶穌基督，把救贖之恩帶給世界。

依撒格家的忠僕厄里厄則爾受託保護他主人的準新娘，他預示若瑟受託守護童貞聖母瑪利亞。

讀到有關梅瑟的記載時，我們會想到若瑟，人們把梅瑟描述為最忠信謙和的人、是天主最親密的朋友，天主把祂的秘密全告訴他。

在許多人心目中，達味是若瑟的預像，聖伯爾納鐸

（St. Bernard）寫道：「他確實是達味之子，一個無愧於父親的兒子。若瑟實實在在堪稱達味之子，不是肉體上的，而是他的信德、聖善和虔敬。因為天主視他為另一個達味，能保守祂的秘密。」[1]

如果我們想從舊約中找尋最適合的聖若瑟的預像，莫如和他同名的若瑟——雅各伯的兒子。教宗庇護九世於 1870 年奉聖若瑟為普世教會的主保，教宗良十三世在 1889 年 8 月 15 日的著名通諭《豐沛恩寵》（*Quamquam Pluries*）中，欽定若瑟的地位，這聲明與許多教父和教會禮儀共鳴。

古經中的若瑟和耶穌的養父，二人不單名字相同，在德行以及他們一生中經歷的磨難與喜樂都非常相似。他們都是當之無愧的義人，都把整個身心獻給自己所擔負的使命。他們唯一害怕的是別人誤把主人的榮耀歸功於他們。

兩位若瑟都因一連串上智安排被帶到到埃及。聖祖若瑟因兄弟的嫉妒而被賣到埃及是基督被門徒背叛的預像。養父若瑟為逃避惡王黑落德的盛怒而出走，循着幾千年前逃亡之路，以拯救那要成為選民純淨之糧的祂（Jesus）。

天主賜給聖祖若瑟解夢的能力，讓他能預知自己的命運，而新聖若瑟則從夢中得到天主的指引。

似乎第一位若瑟由他個人親自印證他的夢，但第二位若瑟的夢，他的使命，卻需要他的遵行，才得到圓滿的實現。《創世紀》中對聖祖若瑟有如下記載：

---

[1] *Missus est*，講道詞 II。

若瑟作了一夢，講給哥哥們聽，因此他們越發惱恨他。他對他們說：「請聽我作的夢：我夢見我們同在田中捆下麥子，忽然我的麥捆站起來，你們的麥捆圍住我的麥捆下拜。」他哥哥們對他說：「難道你要作我們的君王？或者統治我們？」他們為了這夢和這番話，越發惱恨他。

他又作了一夢，也告訴他哥哥們說：「我又作了一夢，夢見太陽和月亮並十一顆星向我下拜。」當他給他父親和哥哥們講說這夢時，他父親就責斥他說：「你作的是什麼夢？難道我和你母親以及你的兄弟，都要來向你叩首至地？」（創37:5–10）

那些夢在古聖祖的身上中全部應驗了，他的父親和全家大小都到埃及去，伏地朝拜他，他那時已成為埃及首相，為各地人民提供食糧。我們理所當然地想到聖祖若瑟是預示日後納匝肋的奧秘——義德之輝耶穌和純潔無瑕的瑪利亞，全屬一家之長若瑟之下。這是舉世驚奇的。後來，所有天朝諸聖拍掌歡欣，稱頌若瑟，因為他是降生聖言的忠僕。

聖祖若瑟獲得法郎的信任和寵愛，掌管全埃及的糧庫，日後各地受到荒年的打擊而若瑟因為有備無患，不虞匱乏，國用豐盛繁榮，法郎對他的智慧佩服之餘，授以宰相的重任，對所有來找他求糧的人說：你們到若瑟那裏去，照他對你們所說的做。

同樣，其後之若瑟受天主之托，供養在納匝肋的聖家。後來又負上另一使命，正如教宗良十三世所說的：「是護衛基督聖教、上主之家、天主在地上之國——聖教會的保障。」

古經上記載法郎除下自己打印的戒指，戴在若瑟手上，給他穿上細麻長袍，將金鍊戴在他的頸項上，使他坐在御車上，讓他接受群眾歡呼，並命令群眾向若瑟「跪下」。我們是不是也可以從這預像中看到我們的聖若瑟的光榮呢？聖教會把法郎所說的話引用到大聖若瑟身上：「去求若瑟，交託在他的護翼之下，信賴他的智慧和力量。」

二位若瑟極為相似的德行就是潔德。聖祖若瑟規避了普提法爾妻子的引誘說：*我主人……沒有留下一樣不交給我；只有你除外，因為你是他的妻子。我怎能做這極惡的事，得罪天主呢？* 因為他拒絕了她的要求，她懷恨在心，在丈夫面前誣告若瑟，使他陷於獄中，然而若瑟寧願入獄也不願犯罪。

耶穌的養父若瑟的潔德更為圓滿，他不僅避免任何罪惡，且知道天主把祂特選的聖母瑪利亞——聖神的淨配——交給自己照顧，因此對聖母表示無限的敬重。

雖然聖經中還有許多其他象徵聖母的淨配若瑟的章節，我們不需列舉出來。大若瑟是樂園的守護者，樂園即童貞的母腹，孕育出生命之樹之所在地……

古經中的結約之櫃是天主命令梅瑟用純金造成的（出25:17），贖罪蓋的兩端有二革魯賓彼此相對，他們的金翅膀展開，跪伏敬拜，保護、為罪人祈求，正是人向上主祈求和獲得垂允的最恰當象徵。那兩位革魯賓還可象徵在白冷馬槽旁的瑪利亞和若瑟，他倆俯身守護着為我們的罪惡犧牲和補贖的救主耶穌。

為了避免褻瀆，天主命梅瑟用紫色、紅色、朱紅色的毛線和捻的細麻編織成帳幔懸在約櫃前面，好擋開褻瀆的目光。這帳幔可以作為若瑟的徵象，他自己本是受人尊敬的對象，他的存在使人產生對聖母的尊敬，他保守着救主降生於無玷始胎的秘密。

無可否認，天主聖神並不要上述的每位全是聖若瑟的預象，但每一個人物均可恰當地象徵聖若瑟的使命。我們也不必猶豫地利用舊約的人物去默想他的一生——將其貫穿在本書內。若瑟是小心看管這塵世新樂園的守護者，是降生聖言的守護天使和崇拜者，他又是那帳幔，在這帳幔的覆蓋下，永恆的天主聖三完成了祂最令人讚嘆、最美滿的工程。

2

聖若瑟的祖先

在耶穌誕生之前，上主的天使在夢中顯現給若瑟，以崇高的頭銜稱呼他：**達味之子若瑟**。聖瑪竇和聖路加兩位聖史記載了若瑟的族譜，證實他確是達味聖王的合法後裔，聖史們要找證明文件並不困難，因為希伯來人認為保存族譜是一項神聖的任務。

在聖殿中有一個特定的部門，它的主要職責是審查及核實司祭和肋未人的族譜。法律上也需要他們能隨時隨刻，特別是在一個人申請繼承權的時候，提出某人屬於某一家族的證明。涉及達味的後裔更加嚴格，他們身分特殊，必需非常精確，因為默西亞是出自這家的。因此，若瑟和瑪利亞必會謹慎地保存他們的族譜，以證明耶穌是達味的直系後裔。

先知們早已十分清楚地預言默西亞將誕生在達味家，從沒有人懷疑這一點，但他是誰家的孩子呢？耶穌有一次問法利塞人，他們立即答道：「達味家。」事實上，耶穌時常被稱為**耶穌，達味之子**。

聖史路加和瑪竇列出若瑟的族系時一定有根有據的，

而所根據的必是每一代的證人所記下的。路加很可能參考了保存在納匝肋方面的家族冊籍，而瑪竇似乎查考了白冷的官方紀錄。瑪竇福音一開篇便把族譜列出，證明耶穌是從亞巴郎一脈相承的，而路加卻將族譜放在耶穌受洗之後，且用的是倒敘法，從當代上溯至亞當，人類的始祖。驟然看來，二位聖史寫的系列是多麼的不同，其中祇有兩個相同的名字——沙耳提耳（Salathiel）和則魯巴貝耳（Zorobabel）出現在兩個族譜之中。

教會初期，翻譯者曾為這分歧而不安[1]，根據聖熱羅尼莫的考據，這名字的分歧是背教者朱利安（Julian）否定聖史們著作的真實性，於是從那時開始，他們便努力去解決那難題。

結果，他們提出了幾個假設。從第三世紀開始，他們引用希伯來人使用兩個族譜的習俗，——自然的和法定的。根據代兄弟立嗣法，若一名男子沒有留下子女就死了，他的一個兄弟或至親應娶亡者的妻子，所生的子女必需歸亡者名下。

這樣，若瑟父親的兩個名字便可得到解答——他在瑪竇福音中名為雅各伯（Jacob），在路加福音中則為赫里（Heli）。赫里一名明顯指出若瑟是由代兄弟立嗣法所生的。另一方面，他母親的再婚，指出若瑟的生父是赫里，而法律上的父親則是亡者雅各伯。這理論極為中肯，為眾多教父所接納。

---

[1]　參閱 Letter of Julius Africanus to Aristides, cited by Eusebius (*Hist. eccles* 1:7)。

　　根據另一個較後期的推論，是假設路加記錄的是瑪利亞的族譜，而瑪竇所採用的則是若瑟的。這簡單的解釋雖然很具吸引力，但卻與一權威文本背道而馳。

　　還有另一簡單且非常可能的解釋，即東方人對族譜的概念並不如今天西方人的那般精確。西方人祇算直系親屬，而東方人卻包括旁系。這使他們在撰寫族譜時有較大的自由度。在追溯遠祖時，他們可能保留了父母的旁系，又或提及較有名望和有品德的人，這一來，自然容易產生許多明顯的差異。

　　當聖路加抄錄那份名單時，一定早已覺察到聖瑪竇和他的有所不同，但他一點也不覺煩擾，因他非常瞭解在種族上、習俗上，自己完全有權這樣做。若有人告訴他這樣將給後人帶來許多麻煩時，他可能會覺得詫異。無論如何，這兩份族譜均指出若瑟是耶穌降生前達味家中的最後一人。

　　也許有人會奇怪怎麼我們祇有若瑟的族譜而沒有祂生母瑪利亞的族譜呢？

　　答案是：希伯來人是不會記載女性的世系的。而聖史們在列出聖若瑟的族譜時，也清楚知道聖母的族系，因為若瑟和聖母同屬一族，而且有着極密切的親戚關係。

　　然而，兩位聖史的族譜並不是對立的。他們一方面肯定瑪利亞真的是卒世童貞，同時，依據當時的看法，名正言順地指出耶穌是因若瑟而成為達味家室。祇有這樣，人們才可瞭解基督的合法族系。耶穌受孕降生於童貞瑪利亞時，瑪利亞是達味族中若瑟的妻子，這樣已使聖史們有充分的證據證明耶穌是達味之子。他們費盡心思地宣稱「生於瑪利亞之童身」，目的在強調聖母的童貞。若瑟被任命來保護這童貞的孩子。

聖奧思定說：「即使未能證明瑪利亞是達味的後裔，但她的丈夫若瑟是達味一系，這已足夠證明基督為合法的達味之子了。」[2]

聖奧思定又寫道：「要追溯耶穌在若瑟的族系中的一脈相承並不困難，因為既然若瑟是童貞的淨配，他同樣是一個守貞的父親。按照天主的法律和自然法律，丈夫的地位置於妻子之前是不足為怪的。

若不談若瑟而祇談及瑪利亞，他有權說：『為什麼你們把我和我的妻子分開？為甚麼不願耶穌的族系以我為最後一人？』難道我們可以說：『因為你並不是給耶穌肉身的人？』他同樣可以說：『那麼瑪利亞生育耶穌單是靠她的血肉之軀嗎？聖神的作為在她也在我身上成就。』」[3]

當我們細看聖若瑟四十代的族譜時，看到它涵蓋了二千年歷史。[4] 可以說以色列民族所有的榮華富貴，信仰和虔

---

[2]　*De Consensu Evangelistarum*, I, II, C. I, 17, 2.

[3]　同上。

[4]　聖瑪寶記載耶穌的族譜分為三組，每組 14 個名字：從亞巴郎到達味、從達味到流涉巴比倫、又從流涉巴比倫到耶穌的誕生。追溯這世系法是有趣的。每組包含 14 個名字，原因可能是 14 這數目是七的倍數，而「七」是舊約聖經中被認為是最神聖的。此外聖史瑪寶可能希望引起世人對以色列歷史中三個偉大時期的關注：首先是聖祖和民長統治的神權時代，接著是王國時代、最後是司祭時代。

誠都以耶穌降生達到高峰，天主預許的後裔。也可以說若瑟的祖先負有天主揀選的印記，他們繼續血脈相承。這王族世系並非祇是由光榮和偉大的人物組成，其中有帝王、牧羊人、戰士、詩人、建築工匠和卑微的遊牧民族，我們發現在他們中有煊赫的名字和寂寂無聞者並列，一些聖者和四位品德頗受非議的婦女並列其中。

我們看到耶穌自稱為「人子」，他降生世上是為救贖人類，祂在自己的族人中開始這項工程，接受了自己的繼承權成為人類的一員。在祂顯赫的祖先中提及三名失德的婦女，並不僅為了強調或解決罪與無罪，而是在福音的開端便指出生於瑪利亞的那位是為了拯救所有的人，無分男女、猶太人或外邦人、義人或是罪人。

因此，若瑟的名字出現在他的族譜中最後一人，便成了終結舊約和開啟新約的樞紐。他是舊約的最後一位聖祖，又是新約的第一位聖者。

天主揀選了作十九位帝王的後裔為自己的父親，以教訓世上君王，他們的血脈負有特別的任務，而這位帝王的後裔卻從不以自己高貴的出身而自豪。祂活於貧窮的環境中，好讓世人知道在天主的國度，神貧是高貴的，而毫不抱怨地接受困厄是分享天主的美善福樂的一種方法。

3

納匝肋的若瑟

「天使加俾額爾奉天主差遣，往加里肋亞一座名叫納匝肋城去」（路 1:26）

我們如果以為若瑟雖然謙遜和聖潔，卻對他先祖的道德和神聖遺產不感興趣，那我們就弄錯了。天主對達味和他的後裔所許下的承諾在聖經中佔有舉足輕重的地位，這是不容忽視的。若瑟覺得自己和祖先有着極密切的關係，他覺得自己有責任自愛以配得上他們的高尚德行，修補他們的過錯，在預許了默西亞的選民中，在天主面前為他的先祖作見證。

他從沒有忘記自己的祖宗先輩。他不時想起他的祖輩，不是由於驕傲，而是要記起每一位他要感激的祖先。在若瑟的血裏，流着亞巴郎的血，亞巴郎活潑的信德和絕對的服從使他的後裔繁多。依撒意亞先知讚美葉瑟的後裔說：**由葉瑟的樹幹將生出一個嫩枝**。許多法律文件證明若瑟和先知帝王有血緣關係。撒羅滿是最負盛名的先祖，他是一位君王，他的智慧舉世聞名，他在耶路撒冷建造了聖殿；勒哈貝罕，十個支派扔掉他的軛；約沙法特是一位聖者；阿哈次，依撒意亞先知向他預告了貞女懷孕生子的預言；希則克雅，他奇蹟般從死亡之門被帶回來；漆德克雅是猶大的亡國之君；則魯巴貝耳，他得率領人民在充軍之地返回祖國，還有⋯⋯

難道若瑟不知道自己是君王和先知的後裔、具有猶太民族輝煌的皇族血統嗎？尤其在瑪加伯王朝被滅之後，他難道沒有意識到自己有皇位繼承權嗎？可是，儘管他是皇族出身，他的身分祇是小鎮上的一名工人。他不住在曾經屬於他家族的富庶土地，而是住在農民和牧羊人中的純樸小村莊納匝肋。這地方寂寂無聞，聖史們告訴我們當時一句流行語：從納匝肋還能出什麼好事嗎？

若瑟正是在納匝肋與瑪利亞訂婚，而我們也有足夠的理由相信若瑟也出生於納匝肋並在那裡度過他的童年歲月。一些聖經考據家認為他生於白冷，但這就難以解釋為何當他和瑪利亞在調查戶口到了那裏時，竟沒有任何親戚、朋友，甚至沒有任何家人接待他們，而被迫要找旅店住宿。

若瑟在出生後第八天受割損時得到了若瑟的名號，那是源自雅各伯之子若瑟而來，是猶太人極具榮譽的名字。毫無疑問，他的雙親一定確信他們新生的兒子——新若瑟——必會更加傑出。

雖然福音沒有明確指出，但若瑟的父母必按當時的習俗，把他送到村裏聖殿的附屬的學校接受辣彼的教導。若瑟夫（Flavius Josephus）堅稱由於對法律的熱愛和為了日後能在聖殿裏讀經，許多以色列青年在這些學校讀書。另一方面，若瑟既知自己是達味的後裔，一定希望能夠研究經中有關自己祖先和有關默西亞的預言。這「義人」比其他人更渴望擁有「法律」的專有知識，因為那是他靈魂的食糧。

他十二歲時，如同其他虔誠的猶太人一般，成了「法律之子」。從此，在天主和世人的眼中，他必定謹守所有禮規。

少年到了一相當年齡便要選擇他的職業，這對若瑟來說具有雙重責任，不僅因為他很窮，必須自力更生，根據以色列的神聖傳統也要求他必需這樣做。猶太人與羅馬人不同，他們以體力勞動為榮，被視為使天主降福的方法。每名猶太人，即使他是辣彼或是富有人家，也得學會一門技術，懂得用雙手工作。

若瑟選擇了成為木匠。也許是繼承父業或是出於個人喜好，我們不得而知；無論如何，當他在納匝肋時，木匠這職業對他極其有利。將來我們要多次提到若瑟的職業，但目前來說，他的工作雖是刻板勞苦，但絕非羞恥的工作，若瑟可以引以為榮。

若瑟全沒有世俗財富和地位，他靠着雙手過活，安貧樂道，毫無怨言。較之在當時極具權勢的奧古斯都大帝更快樂。他非常滿足於自己的處境，因為那是天主的旨意。羅馬人已征服了耶路撒冷，然而國家的淪亡並沒有擾亂他心靈的平靜。

若瑟每次在會堂時，所聽到的經文都是關於他祖先過去輝煌璀璨的生活景況，但在回家途中，他心裏沒有嫉妒或仇恨，也沒有渴望恢復以往的一切。他並不以穿着皮做的工作圍裙為恥；他沒有抱怨天主剝奪了他家室的世俗財富；在法定的節日上耶路撒冷時，他總會見到昔日光榮的遺跡，他沒有絲毫怨恨；他從不在別人面前顯露自己的高貴身份，他滿足於天主給他的地位，小心地、熱切地好像管理一個國家那樣去完成天主給他的所有使命。

貧窮不能減低他的尊嚴，反而增加了它的光彩，正如日後耶穌在山中聖訓所說的，貧窮使若瑟成為真福八端第一端所說的好例子。他貴為達味之子孫，但他的心靈更為相稱，他真是那位彈琴詠唱的「義人達味」。

若瑟在納匝肋有什麼親戚呢？沒有任何文獻可供參考。上面說的是根據聖史瑪竇的記載，若瑟的父親名叫雅各伯，而根據聖史路加的，則名為赫里。如前所述，這可能是由於他的母親再婚，也可能是根據猶太人的代兄弟立嗣俗例，一位是生父、一位是合法父親。可是，有一位於第二世紀初住在耶路撒冷名為赫格西僕(Hegesippus)的史學家，也許依據當地的傳統，指若瑟有一個兄弟名叫克羅帕，這人可能是耶穌的叔叔，他娶了一位瑪利亞，就是福音所指聖母的「妹妹」，她極可能就是耶穌的四個「兄弟」，雅各伯、若瑟、西滿和猶達，和聖經中沒有記名的三個姊妹的母親。

眾所周知，耶穌的「兄弟姊妹」一詞的意思在當日的習俗是可以指表兄弟，表姊妹的。這種用法在舊約聖經比今天普遍。[1] 理由很簡單，亞蘭語（Aramaic）和希伯來語中並沒有「表兄弟」一詞，因而在提及任何近親時均使用「兄弟」這稱呼。

在他的納匝肋親屬當中，若瑟過着謙卑的生活，全心取悅天主和遵守法律。他的穿著和同行業的人一樣，他在耳朵旁邊佩着一塊薄木片作為木匠的標記。他的舉止端莊，在在顯出他的高貴和聖潔，在他破舊的衣著下，人們察覺到與當地人不同的舉止。他的態度，他的行為，他的尊嚴，他的寧靜，都使人望而生敬。他的面容閃耀着柔和與良善的光輝，他的眼眸充滿真誠、純潔和體諒。

鄉人們都知道他們當中住着一位達味王的後裔，但由於若瑟的簡樸、謙遜、忍耐，使人察覺不到他的身份，有些人──總有一些人──會懷疑或者不相信他高貴的血統。

時期已滿，天主要親臨人世了，讓人知道真正的偉大是什麼。

---

[1] 因此，羅德雖然是亞巴郎的侄兒，卻被稱為他的兄弟。拉班雖然是雅各伯的舅父，也被稱為他的兄弟。烏齊耳（Oziel）和亞郎（Aaron）的兒子、克士（Cis）的兒子和厄肋阿匝爾（Eleazar）的女兒，雖是堂親，都被寫成「兄弟姐妹」（拉丁通行本）。

4

木匠若瑟

祂的一切（智慧和奇能）從那裏來的呢？
這人不是那木匠的兒子？（瑪 13:55）

在記述聖若瑟的職業時，聖史瑪竇和瑪爾谷都用了同一的名詞，這詞在拉丁文中的意義是工匠或技工[1]。根據這字的含意，我們可得以下結論：聖若瑟在小城的工作範圍是多方面的，包括木工、鐵匠、水泥匠、陶工、油漆等。這是當時從事任何行業的所需。然而，一些最古老的傳統，照着偽經和教父們的說法，稱若瑟為 faber lignarius，意即木匠。

聖依拉略（St Hilary）、聖伯達（St Bede the Venerable）和聖伯多祿·金言（St Peter Chrysologus）均說若瑟是個鐵匠[2]。聖安博和安提約基雅的聖德敖斐羅（Theophilus of Antioch）都把他描繪為做砍樹和蓋房子的工人。所有這些工作都和工匠的含義相同。在一小村莊裏，沒有工匠可以專門做某一項工作的，因為專於某一技巧不足以賺錢養家。因此，若瑟的主要工作是木匠，但也兼做一些泥水、鐵工或砍木

---

[1] Faber 這個單字和 faber ferrarius（鐵匠）及 faber ligarius（木匠）共通。

[2] 聖伯達寫道：Ferrum igne dominantem，即一個把鐵加熱後鑄成物品的人。聖依西多祿指若瑟是一個使用鐵或其他金屬製作物品的人（faber factore aeris）。

之類的工作。

有些作家似乎認為若瑟不會做其他工作。例如打鐵會發生巨大的聲響和需要強大的體力，對於聖家生活的和諧與祈禱所需的寧靜完全不調協。[3] 這是奇怪且令人吃驚的想法。事實上，如果天主聖子降生成人，分享人類的生活，那「天人合一者」〔God-Man，指降生成人的耶穌基督〕就不會祇選擇一些不吵耳，不使雙手粗糙的職業。

其他作者為了理解這一點，設法探討若瑟的社會地位。他們認為若瑟是納匝肋一名重要的公民，可能是個承包商或建築設計師，手下有一些工人。這意見真的會使聖史們臉紅。據我們所知道的，我們必須堅持若瑟是個寂寂無聞的鄉村工匠，過着平靜、隱晦的生活，整個心神和降生的奧跡契合。

第二世紀，約在公元 160 年時，哲學家兼殉道者聖猶思定（St Justin Martyr）這樣寫道：「耶穌被定為木匠若瑟之子，是祂自己的選擇，在村裏為村民做手推車和犁耙。」聖猶思定生於尼亞波里斯（Neapolis）的撒瑪黎雅（Samaria），古老的舍根（Sichem），很容易從加里肋亞居民的口中獲得第一手資料。

那些日子，車輛的輪子一定有鐵的軸心，那是木匠自己設計的，因此，除了木工之外，他一定要懂得燒鑄五金。即使今天，納匝肋仍以某種技藝品馳名——像鐮刀、

---

[3] 令人驚訝的是 Lépicier 樞機的著作也在其中。我們引用了他的 *Saint Joseph, époux de la Tres Sainte Vierge*（聖若瑟至聖童貞之淨配），Paris: Lethielleux, 1932。

犁耙、小刀子等。當年若瑟的工作——木匠的工作在那地方仍然很盛行。

四世紀時耶路撒冷的聖濟利祿說他見過一塊形狀像屋簷排水溝的木塊，相傳是耶穌或祂的養父所做的。

Maurice Brillant 在他的著作 *Le Village de la Vierge*（貞女的村莊）提出這個問題：我們可否以普通但有力的話說聖若瑟是一個「能做多種不同工作的人」？一個很大的誘惑就是說「是」。

若瑟做木工也做金工；他做家具也蓋房子。村民需要修理門樞、鞏固壁板、更換門鎖、造一個衣箱或修理工具時，便找若瑟幫忙。他不單做房子所需的支柱，也做花園的器具、搖床、停屍架等，他也做家具，像櫈子、牛奶桶、衣箱——他們是不需要衣櫃的，和其他精美的傢具。在納匝肋，村民們遇到隣人需要幫助時，總會像舊約中的法郎那樣說：**你們到若瑟那裏去！**

依照東方民族的習慣，那店子一定靠近他家或是相連在一起的。就像今天我們村子的鐵匠一樣。若瑟可能在店前有一個小棚，裏面放滿了破舊的手推車，或等待修理的農具；又有香柏木或無花果樹幹斜靠着風乾。聖經告訴我們，一個木匠店的牆上可能掛着的東西：一兩個斧頭、鋸子、鐵鎚、刨子、圓規、木節、木鎚、鑽和銼刀等等。

村人眼中的若瑟，不單技巧優秀，更是誠實可靠的人，任何工作交到他手裏都完成得妥妥當當。

若瑟喜歡他的工作，他徹底地熟悉他的工作，技巧圓滑熟練。他尊重工作和法律的關係。在天主面前，工作不單是生活所必需，更帶着尊嚴、高貴和補贖的意義。工作並不是縛束，相反，那是祈禱，是尋找天主的途徑，也是得救的方法。

一個工人具有上述的工作態度和意識，他所做的一切，不管是鋸木或設計傢具，都是喜樂。一大清早進入工場時，他聞到從木材透出的森林的氣味，見到陽光照射在工具上，他以敬拜天主的心情預備一天工作。他掛上圍裙，像神父披上祭衣一般。他每一個表情和動作都充滿著愛。他以愉快的心情款待顧客。他以工作為傲，絕對沒有半點浮誇，盡心盡力為他們服務。他希望他的工作能使他們滿意，手推車輪子可以撐起，門框不會翹起，顧客的滿意讓他心滿意足。

談到若瑟，我們一定想到——就如其他人早已提到的——記起了費佳（Péguy，法國作家）所說的話。他在年青時寫道：「工作似乎是一項令人難以置信的榮譽。」又說：「以建築一座主教座堂同等的精神、體力以及熱忱來雕刻一張椅子。」若瑟以做一個聖體櫃的虔敬去做手推車和犁耙，因為他深切理解到以愛來完成的工作能直達天主。[4]

他從不抱怨雙手起了厚繭或額上滲滿汗水。他工作時引吭高歌，隨着鎚子的節奏唱出他祖先達味的詩篇：

請眾吹起號角讚美祂，
請眾彈琴奏瑟讚美祂！

---

[4]　Especially Fr Bessieres in *Presence de Joseph* (Paris: Lethielleux, p. 51).

請眾敲鼓舞蹈讚美祂，
請眾拉絃吹笛讚美祂！
請眾以聲洪的鐃鈸讚美祂，
請眾以響亮的鐃鈸讚美祂！
一切有氣息的，請讚美上主！（詠 150:3–6）

鑿子是若瑟的鐃鈸，量尺是他的笛子，刨是他的鼓，鋸是他的豎琴，銼是他的七絃琴。當他運用這些工具時，他的心靈與天主共融。

魔鬼永不敢踏進他店子的門檻，牠在這謙遜的人面前無計可施，一籌莫展；牠不明白這人怎麼會那麼寧靜安祥，牠不知道在那方面進攻，如何進行誘惑。為了達到目的，魔鬼想盡方法去製造麻煩、混亂不安和反抗的情緒。牠的拿手好戲是「我不願服務」。

但這充滿神秘的人似乎完全滿足於拉木鋸和製造車輪的工作。撒殫不得不從若瑟的鎚子或鋸子的聲音逃跑奔走。這「義人」是牠的折磨和沮喪。

5

義人若瑟

聖史們用簡潔的言詞頌揚聖若瑟使我們吃驚，因為我們習慣於世俗上的過份揄揚和冗長的詞句，這種簡潔頗令人不自在。他們祇簡單地說：「他是個義人。」這簡短的句子可說是言簡意賅，一語中的。這「義」字包含了聖善的全部含義，不單指與人交往時公道，而是成全的最高準則，是完全翕合和承行天主的旨意。就聖經上的意義而言，它是所有德行的指歸，舊約上說的**義人**也就是新約所說的**聖者**。

正義和聖善具有同樣的本質，對義人的描繪可從聖詠的許多章節中見到，這些章節描畫出天主要求人類公正，功全德備的最高理想。

正義的人就是避惡行善的人，他心靈純潔，思想上，行為上絕無半點邪念，他的品格完全出於聽命趨向上主，對天主恭順，不論獨處或在人前都是正直的，沒有一件事不以天主聖意為依歸。他讚美天主，頌揚天主，顯耀祂的聖名，完全信靠祂，絕對服從祂。他不受驕傲野心所擾，不渴望財富。他以正直、誠懇和忠信待人。他對說謊、表裏不一和欺詐感到恐懼。他對人和善大方和充滿仁愛、對急需的人施以援手，並按自己的能力所及實行精神及物質的援助。

聖詠的作者一再讚美這些人是有福的，天主的喜樂要降到他身上。這樣的人像種植在溪畔的樹，準時結果，枝葉不枯。儘管如此，他並不是倖免於試探和考驗的，可是在每一試探之跌倒後，他窺見天主的聖意，並把它變成神修的捷徑；最後他將獲得百倍的賞報。

若瑟一生切實力行以上所說的一切。他徹頭徹尾是個義人。我們千萬不可因為福音簡略的描繪而不看重他。儘管在世俗的眼光中，他一點都不動人，但真理卻突破了陰影，使我們認識到一個精神道德光芒四射，在天主眼中是真正偉大的人。耶穌在最後晚餐所說的話，表達了對他的頌揚：父啊！天地的主宰！我稱頌祢，因為祢將這些事瞞住了智慧與明達的人，而啟示給小孩子。（瑪 11:25；路 10:21）

受到聖寵的光照和滋潤，他的心靈是純潔的，他的意志堅強。他完全忽視自己的價值，他的靈魂極度的忠誠，像稚子般的坦誠正直。

一名義人，首先着意於中悅天主，他不因任何事而氣餒頹喪，他研習天主的法律，好使自己在思想、意志、言行上全契合於主。若瑟有時暫停工作，稍作休息。這時，他會退到店子的一角，一再研讀祖先達味所寫的聖詠。之後，他繼續工作時，還反覆誦念剛讀過的詩篇，它們像馨香之氣升到天主台前：

我將祢的話藏在我的心裏，

免得我去犯罪而獲罪於祢。……

祢的教言對我上顎多麼甘美！

在我的口中比蜂蜜更要甘美！（詠 119: 11, 103）

天主，我的靈魂渴慕祢，

真好像牝鹿渴慕溪水。

我的靈魂渴念天主，生活的天主。（詠 42:2–3）

因為，我主上主，祢是我的期望，

祢是我自幼唯一的仰仗。……

我要滿口讚頌祢，

我要終日稱揚祢。（詠 71:5, 8）

與其他人相比，就可看出聖若瑟是怎樣的一個義人。他活於遠離東方國家所謂無休止的是非爭執地區。在納匝肋，人們知道他說話不多，他憎惡閒言閒語，又鄙視搬弄是非。可是他並不是離群獨處，把自己關在店中。他的店門常開，歡迎路人進來，在他工作時與他交談。他的訪客往往被他吸引，被他的智慧、體恤和領悟力所折服，往往帶着愉快的心情繼續行程。

他的敬業精神是人所共知的，由於他工作認真，人們都把工作交給他，而他總會盡快完工，其至遲睡早起也在所不惜。他取價公道，然而，附近一帶的同行總把他當成敵人，想排擠他。人們又知道他不願迫人付款、向人討賬，往往佔他便宜。

若瑟和聖經上所描述的義人如西默盎、亞納等屬於同一類型——他們等待着以色列的救援，期待着天主諾言的實現，全心渴望默西亞的到來。若瑟和他們一樣，相信聖經上一再提及的**時期已滿**的日子快要來到。他算出天使加俾額爾向達味宣告的四百九十年的時期已經過去，**要來的那一位，就要來到。**

許多以色列人意識到宗教上的現實，已預感到一個新世界快將出現，隨之而來的是一個「黃金時代」。達切特斯（Tacitus）和穌東尼烏斯（Suetonius）感到不得不在他們的著作中提到這傳言：在若瑟的心靈，這希望像火焰一般燃燒著，他的心跳因著無比的希望而加速了。

正當別人在天主的奧跡顯示的前夕充滿政治和宗教交集的懸望時，若瑟認為最迫切的需要是祈禱。懷著熱切的心，他懇求全能的上主使祂的時刻早日到來，求祂儘快派遣那位帶來真光和救贖者來到世上。

若瑟連做夢也不會想到他所期望的超出他所望；天主憐憫了這謙遜的加里肋亞木匠，從此世世代代的人都要稱他是有福的。他並不知道自己竟是一系列聖祖中最後的一位，且比其他人更受到眷顧，有幸把「那一位」抱在懷中，那君王和先知們渴望見到的、達味聖王彈琴歌頌的那位：

以祢的仁慈速來協助我們，因為我們實在是可憐萬分。為了祢的聖名，寬赦我們的罪過，拯救我們！（詠 79:8–9）

求祢發顯祢的威能，快來作我們的救星！……
顯示祢的慈顏，好拯救我們！（詠 80:3, 20）

　　若瑟甚至無法想像到他自己和降生的奧跡有直接關係，他將幫助天主實現祂的計劃，把喜樂帶給這痛苦的世界。

　　就是因為這緣故，天主使若瑟成為義人，使他適合參與這偉大的救世工程。神學家們說每當天主把一個使命交給任何人之時，必定賜與他足夠的恩寵去完成使命。

　　天主賞賜若瑟以智慧、正義和聖善，因祂早已預選他為天主聖言之母——瑪利亞——的淨配，耶穌的養父。

6

若瑟——主之預選者

我們在天上的父……我們日用的食糧，
求祢今天賜給我們（瑪 6:11）

基督降生前出生的聖者和熟悉默西亞救世預言的人都充滿希望。他們知道天主忠於自己的諾言，期待這諾言早日實現。先知們早已預言默西亞要來拯救世界，帶來喜樂，把人從罪惡和邪惡中釋放出來。

雖然沒有人懷疑主之救贖終會實現，但人類有限的理智不能預知那會怎樣應驗。人子並非突然地出現在我們中間，祂擺脫了所有堂皇冠冕的標誌，靜靜地、謙遜地到來，經過一段隱居時期才展開公開生活。

聖多瑪斯[1] 尋求耶穌要過隱晦的生活的原因，提出下面幾個理由。若「永遠的聖言」要藉十字架來救贖世界，祂必須具有一個可以受苦的身體。光榮顯耀的出身將會阻礙祂的計劃：因為如果他們認識了，決不至於將光榮的主釘在十字架上（格前 2:8）。另一方面，先在人前展出光彩燦爛的地位會削弱信德的價值；最後，祂的人性和祂苦難的真實性會受到懷疑。

若天主子不需要飲食或睡覺；若祂沒有人性固有的軟

---

[1]　《神學大全》Ш, q.36, a.1。

弱，那些錯誤地認為聖子只表面具有人性的人便振振有詞了。那祂也真的不是先知們預言的那與我們有着同一人性，與我們一起過着和我們一樣生活的厄瑪奴耳了。

儘管取了人性的「人而天主者」（Man-God，即天主聖子）的誕生是那麼平凡，但有一與眾不同的例外：祂因聖神受孕，由童貞女誕生，這是我們無法想像的。這話的正確解讀為：人子祇有天主為父而沒有世人為父。那真的是不可思議的奇跡！

在不明白這奧跡的世人眼中，這孩子和祂的母親的名譽又是怎樣呢？祂的人生路會不會留下陰影呢？這樣的污點會否使這除免世罪者或祂的母親受到輕視？

依撒意亞先知說：**有位貞女要懷孕生子**，然而，這位童貞女不能公開她得到這殊恩。儘管她的容貌、她的行為、她的言語、她的謙遜、她的純真流露着聖潔的光輝，但有誰會相信她呢？人們可能認為那祇是狡猾的掩飾而已。日後，當她的兒子挑戰群眾：**你們中誰能指證我有罪**（若 8:46）時，他們會輕蔑地提出祂是個私生子。

天主當然可以作出干預，顯示祂聖子降孕於童貞女的奧跡。也可像在大博爾山那樣有聲音從天上說：「這是我的愛子……生於童貞女。」，但這不是天主的行事方式。即使在施行最偉大的奇跡時，天主以祂無限的智慧選取了最平凡而又得體的方法。為了保護祂的聖子和聖子母親的名聲，祂願意把這「聖神降孕的奧跡」隱藏在聖潔而合法的婚配的面紗後。

童貞之母不但需要一位丈夫來護衛她的名譽，也需要他充當孩子的養父。當我們考慮到這嬰孩是天主聖言時，這樣的安排似乎有點奇怪，天主是創造萬物之父，一切受造物都賴祂而生，賴祂供養和保護。可是如今天人的地位改變了，受造物竟養育造物主！祂——萬物供養者，竟要求助於人類。祂像其他嬰孩一樣，赤裸、脆弱、幼嫩，無力獲取生活所需，祂祇能以微弱的哭聲和眼淚來表達自己。任何嬰孩都需要父母的慈愛和照顧，給他飽暖，嬰孩耶穌又怎能例外？

永遠的聖言也會受世俗的試探，遇到困難和危險時，祂需要一位世上的護衛者，因祂的在天大父容許祂柔弱無助。沒有士兵或天軍供祂差遣，祂需要一位強壯有力的人來保護祂。

若瑟受託負起這一切責任。在起初，當天主用地上的灰土形成亞當時，天主上智便宣告說：**人單獨不好，我要給他造個與他相稱的助手。**到了亞當和厄娃因犯罪要賠補時，天主再次看到童貞瑪利亞的孤獨無援對她也是不好的。

因此，天主揀選了若瑟來實現祂的計劃。若瑟是天主上智所預備供養母子的人，他要為她們提供一個溫暖的家，一切合乎世俗眼光的家。作為守護者和護衛者他要給他們提供寧靜的生活，簡樸的環境，以保護純潔無瑕的瑪利亞和嫩稚的嬰孩耶穌。全靠他，他們的名譽得到保護，因為人們會接納若瑟這義人的作證。

只要有需要，一直到嬰孩（即耶穌）的身分該被顯露之前，因沉默又聖潔的若瑟的臨在，足以保護童貞女的秘密。在這期間，若瑟的使命在保持不為世人所知天主降生成人的奧秘，只是日後宗徒們因耶穌的吩咐才把這奧祕傳揚於世。[2]

天主的計畫進一步要求若瑟在逃亡到埃及的路上，在受到考驗、缺衣少食時，或踫上危險時，保護祂所揀選的人。又當耶穌仍在童年時，若瑟辛勞苦累，為他們賺取日用之糧，而當耶穌長大後，若瑟傳授祂木匠手藝，那是耶穌從事多年的行業。

我們得承認若瑟能完成這麼重大的使命，讓我們覺得驚奇。他的使命是給孩童——萬物的創造者——一個家，為祂提供衣食；而天主的眷顧養活了地上的走獸和天空的飛鳥、連撒羅滿在他極盛的榮華時代所披戴的，也不如田野的百合花。若瑟取代了我們日夕向祂祈求的天上的父！

天主雖然已經把這艱巨的使命加諸若瑟，但仍要他付出更多——完全捨棄自我。當天主召叫時，祂需要那人空虛自己，放棄一切意願，完全遵從祂的旨意。若瑟的心靈早已準備好為天主犧牲一切了。正因如此，天主自永恆召選了他，為他作好準備，使他能夠肩負這偉大的使命。

期間，沒有人注意到這位腳踏涼鞋，背着工具箱在納匝肋狹窄的小路上行走的人，他們做夢也想不到這人竟負有如此偉大的使命！在人前，甚至在若瑟自己眼中，他衹是個卑微的普通工人。然而是他，若瑟，在上智的安排下，讓天主降生成人的工程得以完成。

---

[2] 安提約基亞的聖依納爵（St. Ignatius of Antioch）認為這神秘的面紗是為了隱藏這奧秘，不讓魔鬼知道。根據聖經的記載，人們普遍相信魔鬼並不確定耶穌是天主子。這種無知的原因是墮落的理智無法洞察超性及神聖的奧秘，因為天主親自在聖所門外制止牠們。

7

若瑟的訂婚

童貞女的名字叫瑪利亞
（路 1:27）

　　若瑟在他納匝肋的小店中從事木匠的工作時，他的心靈與天主非常契合，他深信期待已久的許諾將要實現。他一再重覆依撒意亞先知的祈禱：**諸天，請由上滴下甘露，望雲彩降下仁義，願大地裂開生出救恩。**

　　因為宣告救世主即將來臨的徵象陸續出現，全以色列的義人都熱切地祈禱，頌念着同樣的經文。

　　天主已從那卑微的小村納匝肋揀選了聖子降生之母——**童貞女的名字叫瑪利亞。**

　　她是若亞敬和亞納晚年所生的女兒。傳統說她是經過祈禱、眼淚和補贖而蒙應允的。這位日後被稱頌為「萬福」的女孩出生時並沒有引起別人的注意。在世人眼中這是極平常的事，表面看來，她和其他嬰孩沒有兩樣，可是在靈魂方面她已經達到聖潔成全的高峰。她自受孕之初，已蒙聖神七恩所浸透，未受原罪的任何污染，以致聖教會的禮儀敢這樣讚歎她道：「妳是全美的，瑪利亞，純潔而毫無瑕疵。」

　　傳統又告訴我們，她自己要求在聖殿中度她的童年，好把自己完全奉獻給天主。這可能因為所得恩典的光照，使她從小便意識到人最高的智慧就是把自己，靈魂和肉身，毫無保留地奉獻給天主。她並沒有捨棄愛，而是選擇了最高境界的愛，為了這愛，她發誓終生守童貞。

　　儘管她知道自己屬於達味家族，那肩負出生默西亞的家族，儘管她像別人一樣渴望上主之預許早日實現，儘管她竭盡全力讓救恩計劃實現，她深感自己不配參與其中，為着這緣故，她獻上自己，祈求默西亞早日來降。

　　那時候，雖然以色列人認為守貞是榮譽的事，但卻很少人願意這樣做，而且法律也禁止這樣做。[1] 人們對默西亞的期待如此熱烈，以致不願意結婚似乎是一件可恥的事，因為這意味着不願為恢復以色列王國作出貢獻。於是，在她到了適婚年齡，瑪利亞的親屬便為她擇偶。她可能沒有表示反對，因為她沒有對任何人提到守貞的事；她堅信他們不會理解，也不會准許她的。

　　她把一切交給天主，知道天主一定會為她處理這複雜而衝突的難題。她懇求天主賜她一名能夠同情她、尊重她的誓願、並願意以超性的愛來維繫婚姻的男子。

　　上述情況導致在《偽經》（Apocrypha）[2] 中記載的傳

---

[1]　我們從谷木蘭發現的經卷得知，厄色尼人（Essena）實踐這種被視為「特殊」的情況。理論上他們是可以結婚的，但因宗教狂熱使他們偏向獨身生活。

[2]　偽經，特別是次雅各伯（St James the Lesser）的 *The Gospel of the Nativity of the Blessed Virgin Mary*（童貞瑪利亞誕生的福音），*The Gospel of the Infancy of the Saviour*（救主嬰孩時期的福音）。

說。這些傳說緊扣人的想像力，竟可世代流傳到今天，其中一、二則頗堪玩味。下面是比較著名的一則：

大司祭召集了達味家中所有願意和瑪利亞成婚的年輕男子，命他們各把手杖放於祭壇上，誰的手杖奇跡地開花，便是天主所揀選的求婚者。如所周知，是若瑟的手杖開出花來。

來參加的人中，有一位富有而高貴名叫亞加波（Agabus）的青年。他非常失望，以致把自己的手杖拆斷——文藝復興期間，拉斐爾（Raphael）為我們留下了這一幕，著名的畫作「聖母的婚約」——那青年避居沙漠，度過餘生。

事實上，情形可能更簡單和更富想像。普遍認為瑪利亞的雙親已經去世，由司祭匝加利亞照顧她。有一天匝加利亞告訴她——按當時的習俗，婚事由家長安排，無需事先和子女商討——他已為她選擇了一位適合的丈夫，他的名字叫若瑟。他的品格可靠，尤其重要的是他屬於達味家族，是猶太王的後裔，是最尊貴的一族系。的確，他是個簡樸的工人，以手技為生，但他的職業是受人看重而且毫不防礙他的信仰。此外，大家公認他是個老實人，正直且敬畏天主。

當瑪利亞獲悉自己將要許配給若瑟時，她的恐懼完全消失了，她很清楚若瑟的為人，因他們是同屬一族系，可能與她有親戚關係。她早已欽佩他偉大的信德及他高尚的靈魂，她非常看重他。他的雙手雖因工作而變得粗糙，但他的舉止卻是純潔而溫文，他的態度是認真而虔誠。

　　至於若瑟，他被瑪利亞那莫名的風采所吸引。她的臉龐像花朵般純潔，她的出現使他感到一種極深的、難以言喻的感動。他認為天使應像她一樣美麗。

　　瑪利亞不惜冒婚約無效之險，首次和若瑟會面便提到自己所許的願。她輕描淡寫地道出自己的志向，就像日後對加俾額爾天使簡單地回應一樣。

　　她很清楚這番話在這義人心中產生的反響，相信他會像自己一樣選擇同樣的生活方式。她知道她將得到未婚夫的默許和保證、尊重。並在任何情況下決不改變這決定。[3]

　　我們可以相信絕大多數人所堅持的傳說，即若瑟也曾立下守貞的心願，而他之所以接受婚約，不外也像瑪利亞一樣，遵從習俗罷了。此外，還有另一個更合理的解釋。若瑟一直過着圓滿的童貞生活，[4]他從這位少女的口中知道一切時，他確信守貞的意義和美好，因而加增了他對守貞的熱愛，對此堅守不移。

　　他告訴瑪利亞他祇能給她一個簡樸的家後，向她保證他被揀選來照顧她是他極大的喜樂和榮耀，他已答應天主將和她一樣度潔身自守的生活，會像兄長般照顧她。

---

[3]　聖多瑪斯認為瑪利亞在婚前得到天主保證，若瑟與她有著同一意向（《神學大全》 *IV Sentences*, Dist, XXX, q. II, art. 1)。

[4]　《神學詞典》（*Le Dictionnaire de théologie*）指有關若瑟曾有過一段婚姻的論點，完全基於偽經 *Protoevangel of James*（雅各伯福音）。在教會最初的數個世紀，有些教父贊同這理論。今日，這理論已全被丟棄了。假設這段婚姻給了若瑟幾個子女，那麼福音中所說的他的弟兄們，便遇上了太多的困難，令人難以接受的。

　　這次會面後，兩人都同樣充滿喜樂。他們感到兩顆心完全融合在一起。瑪利亞內心洋溢着平和與安全之感，而若瑟蘊藏着一股強烈的情操，要保護、珍惜天主賜給他這珍貴的禮物。雖貴為王室的後裔，他沒有宮廷、沒有財富、沒有名望，可是天主賜他一份寶藏，若與撒落滿王所有的榮耀和財富相比，後者不外是廢物和虛幻。

　　若瑟心中充滿喜樂，他想到《智慧篇》中的話語：一切美物都伴她而來。那正好是他內心的寫照。

8

婚禮

祂的母親瑪利亞配於若瑟

（瑪 1:18）

如果我們要相信某些偽經著作，[1] 我們也許會以為若瑟和瑪利亞結婚時已是個老人。聖亞里尼烏斯（St. Epiphanius）可能受此說所影響，因而毫不猶疑地說若瑟已年過八十。接受此說的作者很明顯的為要證明瑪利亞永久的童貞。把若瑟的貞潔歸因年紀老邁，實是無稽之談。

人人都可以反對這論點，因為無論過去或現在，年齡不相稱的婚姻都被詬病並認為是褻瀆神明的。其實，就普通常識也使人想到，若瑟必定是年青力壯，否則怎能作耶穌的養父，善盡保護祂的責任？

以色列的習俗規定青年男子必須在十八歲或較長便要結婚。沒有任何緣故可使我們相信若瑟比別的男子年長許多。有些聖像畫把他繪畫成一個無鬚的青年人。[2] 及後一些藝術家把他繪畫成一個老人時，不外是強調他的年齡，特

---

[1] Especially *The Epistle attributed to St Jerome* and *The Gospel of the Infancy*.

[2] 在羅馬，聖希玻里（St Hippolytus）的地下墓穴中，有這樣的圖像描繪在三世紀的墓碑上。相同的圖像也見於米蘭 St Celsus 的石棺上（第四世紀）。

別是他的審慎和成熟的性格。

有些作者曾討論過若瑟是否英俊，所得的結論大多以舊約中的若瑟相似，儀表俊秀，面目怡人。一般人都樂意接受這說法。肯定的是，瑪利亞對她未婚夫的要求並不是因為他的外表特徵，而是因為他的道德品格。

在猶太人中，婚前的商談多少帶點商業的色彩。男女家況情況都在討論之列，連最微細小節也不會遺漏。瑪利亞和若瑟也不能免於這習俗，這對他們是個極大的考驗。

沒有任何記載得知他們的訂婚儀式究竟在那裏舉行——也許在耶路撒冷或在納匝肋。相信他們的所有親戚都參與其中。雖然瑪利亞和若瑟都喜歡幽靜，但也沒有逃避應有的儀式，況且儀式可遠溯聖祖時代，他們必以恭敬的態度參與其中。

若瑟穿著一件長袍，肩膀上披下斗篷。至於瑪利亞，據說沙特爾聖母主教座堂（Chartres Cathedral）大殿保存了她的禮服；那是禿頭查理（Charles the Bald）在 877 年贈送的聖髑，是他從拜占廷皇室寶庫中得來的。長袍採用金線織成，並繡有白色、藍色和紫色的花朵。

瑪利亞向若瑟伸出她的手——不是文藝復興時代畫家們所繪的修長纖細的手——而是一雙家庭主婦型的，善於工作、懂得洗濯、縫補及烹調的手。若瑟把一枚金戒指套在她的指上，那是象徵結合與擁有，同時說：「根據梅瑟禮節，在天主[雅威]面前，這是結合你我的約指。」

若瑟接着把寫好的契約和代表粧妝的銀元交給她。從來沒有一名新娘把手交給她的新郎時，能使她的新郎像若瑟那一刻般快樂。

從那時起，他們就彼此依屬，永不分離，因為希伯來法律規定，訂婚不單是將來結婚的承諾，更具有和婚配同等的約束力。在《申命記》及在福音中，訂了婚的女子實際已被稱為「妻子」，若不忠，將受犯姦淫的刑罰，該用石頭砸死。若她的未婚夫死去，她將被視為寡婦。除非經過法律的批准，經由像已婚婦女離婚一樣的程序，她也不能被休棄。

二人同居一般延到訂婚幾個月，甚或一年之後。辣彼們認為這樣好使新娘有充分時間準備嫁粧、新郎佈置新居，好履行婚姻的承諾。

實際上，已訂婚者可有婚姻關係，假使新娘有孕不算犯罪。由於這緣故，後來有關瑪利亞懷了天主聖言引起不少爭論，有人認為她其實已正式成婚，又有人否定這說法，這些爭論不外是一場唇槍舌戰罷了。

訂婚禮行過之後，瑪利亞和若瑟便各自回家，等候正式舉行婚禮之日。從這時起，他們在天主面前許下了無可反悔的諾言，他們要一生一世成為夫婦。他們私下的協議免除了婚配的一個目的——守貞之誓免了行房的權利。

這絲毫沒有改變結合的盟約。在天主和人前，他們是真正的夫婦。聖多瑪斯說：「那是永不能拆散的心靈結合，因着這結合，夫婦應該忠於對方。」

他們把童貞獻給天主，作為一項使天主悅納的禮物。

他們沒有猜測放棄了生兒育女的權益會有什麼後果。他們並不知道這種守貞的結合原來是天主的化工，是祂預定祂的聖子藉以降生的途徑。

天主聖子必需降生在瑪利亞的童貞之身。鮑素艾（Bossuet）說：「因為天主父在天堂上生育了祂的獨生子，因此聖子降生人世時，也需要一位童貞之母。」又因若瑟要保護聖母的童貞，他自己也必需守貞。

這樣，兩個貞潔的人互相許諾，忠信不渝，相互保證守童貞的盟誓。他們這樣做似乎破壞了救世主降生的計劃，可是由於他們的犧牲，讓天主把自己的獨生子賜給這貞潔之家。他們主動的互相守貞的盟約，其實是接受天主獨特而巨大使命的準備。

9

天主聖言取了人性

從沒有一個人可以和若瑟訂婚後那般快樂相比。他認為自己的幸福是獨一無二的。他一次又一次誦念着聖經的這些話語：**有賢妻的丈夫，是有福的！他的壽數必要增加一倍**（德 26:1）。**賢淑的婦女，有誰能找到？她本身價值，遠勝過珠寶**（箴 31:10）。他覺得自己真是幸福。他每一時刻都在思念着他的未婚妻。他覺得瑪利亞已在自己心裏烙了印，他每天都愛她多一些，他感謝天主賜給他這珍貴的恩賜的心情也與日俱增。

不要以為瑪利亞在矢誓守貞後，就不曾想及若瑟。她日後成為妻子及其他人的模範，也是未婚妻的典範。她沒有壓抑對若瑟的愛，她期待着在他的家中過着充滿信德和潔德的生活。她全心感謝天主為她選擇了那樣高貴的伴侶，那樣安穩的家。他們二人都看到對方靈魂之美善。

訂婚後，他們暫時各自回到自己的家，但他們的居處必定相隔不遠，可以經常探望對方。每一次會面時，他們的眸子都閃耀着信賴和瞭解的光芒。從彼此相伴時的懇切真摯，可以看出他們互相愛慕。

他們在等待着正式成婚時，兩人都為未來作好準備。瑪利亞忙於紡紗縫製，若瑟則製作簡單家具。他們沒有料到天主將要讓一件支配世界歷史的大事發生。福音所用的字眼引起許多讓釋經者討論的地方，他們到底是不是已經結婚了呢？還是像福音所記的祇「聘定」了呢？

無論如何，訂婚或結婚在法律面前都是一樣的：瑪利亞是屬於若瑟的。在人前妻子的名分已定，而生兒育女是婚後應有的喜樂和光榮的事，是值得慶賀的。

訂婚後不久，天使加俾額爾來了，他像特使般到來。春天是大地從漫長嚴冬中甦醒過來的時刻，是最適合的象徵。是故，教會把聖母領報瞻禮定在三月中，並以《雅歌》經文表達它的喜樂：

時雨止息，且已過去；
田間花卉已露，……在我們的地方已聽到斑鳩聲；
無花果樹已發出初果，葡萄樹已開花放香（歌 2:11–13）

我們無需引用福音的典故，因為它們早已深嵌在每人的記憶中了。

天色逐漸昏暗，瑪利亞獨處家中，她正在念晚禱。突然間，天使出現：**萬福！充滿聖寵者！**他安慰她，讓她從驚惶不安中平靜後，告訴她天主揀選了她作默西亞的母親。瑪利亞絲毫沒有半點驕傲，她祇想及那將要帶給世界的喜樂，並坦率問說，自己早已發願守貞，生孩子的事怎會發生呢？天使向她保證，那是藉聖神的能力，她的童貞決不受損。一旦明白天主上智的安排，人便屈服了。瑪利亞欣然答應：「看！上主的婢女，願照祢的話成就於我罷！」這樣，天主聖言便在她胎中降生成人。天主對世人的愛的偉大奧跡於此展開。瑪利亞成為了天主的結約之櫃。

天使好像要證明他所傳訊息的真實性，還告訴她另一個奇跡已發生在她表姐的身上，說：「且看，你的親戚依撒伯爾，她雖在老年，卻懷了男胎，本月已六個月了，她原是素稱不生育的，因為在天主前沒有不能的事（路 1:36–37）。」

這消息讓瑪利亞更為信服。既然天主給了她一個徵兆，以證明天使所說的是真實的（她對此毫無疑慮），似乎探訪她的表姐是一個補充證明。而她懷中的兒子也激勵她前往，因為默西亞希望聖化祂「前驅」。

天使報喜後的第二天，若瑟來探望瑪利亞，發現她更溫婉，眼神透射着更柔和的光輝。他一定也發覺她增加了莊重之態。可是瑪利亞絲毫沒有向他透露那神聖的奧秘。

但是她表示渴望探訪她的表姐依撒伯爾，因為她剛知道表姐難以置信的懷孕了，她渴望去服侍她。若瑟對她突如其來的要求感到驚訝，因為她從來沒有提及過要出門遠行。一想到大家要暫時分開，他不禁心裏一緊。可是他一向相信瑪利亞的智慧，他願意作任何犧牲，並為了表示對她的愛和信任，他也沒有質疑她，儘管和她暫別會給他帶來很大的痛苦，但他尊重她的意願，立即同意。

有些評譯者認為若瑟陪伴着瑪利亞前往。一般人認為依撒伯爾住在赫貝龍（Hebron）或卡陵（Karim）——今日的艾殷卡陵（Ain-Karim），大約步行五、六天的路程。在那長達 150 公里，充滿陷阱和危險的路途，若瑟怎會讓她單獨前往？

雖然聖經暗示瑪利亞獨自前往，但無法反對不同的意見。可以肯定的是，她忠誠的監護人若瑟必定沿途照顧她，務使她平安抵達。她也可能和一些親友或是加入前往耶路撒冷過巴斯卦節的隊伍結伴前往。

可以肯定的是當兩位表姐妹相會時若瑟並不在場，否則他一定會聽到聖母的「讚主曲」，得知降生的奧秘，但這奧秘是天使日後才告知他的。

若瑟的未婚妻瑪利亞一心趕忙上路，一點也不懼怕路上的危險，沒有什麼事可困擾她，因為她知道在她內有一股足以克服任何障礙的力量。

旅途中她組出「讚主曲」。一股超性的力量催逼着她，她急不及待的要告訴她的表姐，上主對她所作的大事，她願和依撒伯爾同唱一首感恩之歌——如教父們所說的，新約的謝主曲，使舊約的法律人性化。

若瑟在這三個月一直在盼望着瑪利亞回來。日子似乎漫長無盡，但他的心充溢着希望。不久之後他將要迎接她入住他預備好的新居，他努力經營的家——他為那天主賜與他的皇后而準備的家。他不知道她懷着至尊之主，降生成人的天主聖子，祂日後會說出這令人敬畏的話語：*誰若願意跟隨我，該棄絕自己，背着自己的十字架來跟隨我。*

10

若瑟的痛苦

聖史路加只用了短短一句話來完結瑪利亞訪親之舉：瑪利亞同依撒伯爾住了三個月左右，就回本家去了（路1:56），讓我們想像她歸家時的情景。

瑪利亞回來了，一想到可以見到若瑟便心感快慰。可是在歸途中，她並沒有像離家時那樣輕鬆自在。她知道不消多久，若瑟便會發覺她的情況，她十分擔憂。為消除憂慮，她祇好唱一首讚美歌，以示信賴天主，並把自己託付給祂——她已成為上主的聖殿。

在納匝肋，若瑟無比熱情和喜悅地歡迎她，剛開始他全被幸福淹沒，什麼也沒有留意到。然後，他逐漸發現自己的妻子懷了孕。她確實懷孕了。外面的人覺得這是個喜訊，所有的納匝肋人都前來祝賀這對年青夫婦。

若瑟心裏展開一連串緊張的鬥爭。起初，他試圖否定自己的感覺；他想制止鄰人們的祝賀，他覺得他們的祝福像利劍般刺進他的心。不久，他得面對現實，他一點也沒有弄錯。那些跡象多麼明顯，多麼殘酷！毫無疑問，瑪利亞的確懷了身孕。面對這事實，他整個人崩潰了，他的靈魂像墮進黑暗的深淵，他極渴求一線光照。

他有沒有懷疑瑪利亞犯了罪呢？一些有權威的教父，像聖猶思定、金口聖若望、聖奧思定、聖安博等，認為他有懷疑過她。其他的教父——我們採納了他們的意見——認為若瑟一刻也不可能把任何不當的事歸因於瑪利亞。聖熱羅尼莫為這見解作了非凡的定案：「若瑟瞭解瑪利亞無瑕可指的聖潔，認為她默默地隱藏了一個他不應該知道的奧秘。」

若瑟怎麼會懷疑她的清白呢？怎可以認為她是軟弱的呢？他拒絕自己這種可恥的想法。他寧願相信人告訴他說約旦河已倒流回源頭或是赫爾孟山突然消失了！而瑪利亞則仍像以往一樣的簡樸、開朗、虔誠。她繼續安靜地做着她每天的工作，如常的直率坦誠。她平靜的儀容沒有被任何陰影所籠罩，靜逸如昔。當她靠近他時，她的眼眸像以往一樣充滿着愛和忠誠；她如常地向他求助。不！她一點也沒有犯罪！此外，他記得她發的童貞願；還有他自己的——為了她發的童貞願。

可是，為甚麼她一句話也不說呢？為甚麼她如此沉默？難道他沒有權知道真相嗎？祇要說一句話，瑪利亞就可把若瑟的憂愁化為喜樂了。但她什麼都不說，因為天使告訴她要為那君王保守秘密。她覺得——這是正確的——天使告訴她的秘密祇能由祂，天主自己來揭示。她知道天主一定會在適當的時刻告知若瑟的。暫時，她只能全心祈禱，信賴上智的安排。

這樣的自我交付並沒有讓她免受痛苦。她的沉默需要英勇的精神。若瑟的苦惱使她心碎。她好像探測到他痛苦的深處，並分嘗了它。看到他頹喪的面容，因焦慮和消沉而顯得瘦削，她體會到他那無法平息的悲痛，但她仍舊不發一言。她猜想若瑟的內心一定有甚麼掙扎。她不是把發了童貞願一事告訴了他？可是，現在？

的確，若瑟的心靈正展開了一場可怕的鬥爭。天主從沒有把這麼一個聖潔的人，一個祂所鍾愛的人置於這樣的田地。他的心日以繼夜，時時刻刻在交戰，因這困境來回折騰。

起初，他想到質問瑪利亞，但每次總是欲言又止，說話總梗塞在喉中。問題一直困擾着他。此外，他堅信未婚妻的沉默掩蓋着一個他不值得分享的奧秘。

他感到自己陷入無所適從的處境中，因他無法繼續照顧瑪利亞，也無法在人前揭穿她。他的忠誠不容許他採取任何途徑。在這樣的情況下，他知道嚴厲的梅瑟法律必會作出懲罰。然而若瑟肯定瑪利亞是清白的，他要找出一個方法，既可讓她自由，又能維護她的名譽。

就他個人而言，如果繼續收留她，他將違反法律，因為他對她腹中的嬰兒絕對沒有任何權利，而她向他隱瞞了嬰兒的來歷。他沒分參與這個奧秘；他不能把婚姻建立在謊言上。

聖經上記載得非常清楚，犯了淫亂的罪該受怎樣的懲罰。他斷不能讓瑪利亞受到這般對待。正因為他是個義人，他不能把她帶上法庭。他知道——他只知道的是，她參與了一個深不可測的奧秘，一個他不能徹底瞭解的奧秘，這奧秘的解決之道在於天主。

因此，他能做的只有一件事，一件冒險的事。他會暗暗地休退她，不是因為相信她有罪，而是尊重她的奧秘。他必需把婚約指環交還給她，取回給她的結婚禮物，然後獨自離開，到一個無人知曉的地方。他將會被人咒罵，說他懦弱，不信守婚誓——但她不會受到任何指責。

他仔細地籌措，卻日復一日延擱實行。現在，他不能再拖延了。他感到自己所作的犧牲比亞巴郎獻他的獨生子依撒格的犧牲更有價值，一定得到上主的接納。在作出了最後的決定，他收拾了幾件必需的物品，預備在破曉之前離去。

這時，聖詠的詞句從他口裏吐出：**我的天主，我的天主，祢為甚麼捨棄了我？**為什要把這重擔加諸我身上？

若瑟，因為你中悅天主，必有誘惑來試探你。在至高者的心目中，終有一天你要成為絕望者的希望；被憂傷擊敗者、陷入黑暗者，得以回頭，因你經歷了同樣的試煉，承受了同樣的苦痛。你現在所受的考驗，是為將來接受崇高地位作的準備。

因你得到作為降生成人天主聖子養父的獨特尊榮，「十字架」首先要刻在你的身上，作為人類救贖的標記。那「十字架」會傷害你最脆弱的地方——你對她的愛，因為，除了天主以外，她在你的思念和心中居於首位。

你在我們的救贖工程中扮演重要的角色；因此，你要分擔它所要求的苦難。當十字架豎立在哥耳哥達時，你不會站在瑪利亞身旁，但在此之前，你必需預嘗山園祈禱和受難日的苦痛。

但是，若瑟，天主也要派遣一位天使來拔除你心中的利劍，因為你獻的全燔祭雖未全部焚燬，已蒙主悅納了。

11

若瑟得到的訊息

天主把若瑟帶到愁苦之深淵，他的苦杯已滿溢，那令人心碎的分手時刻已到來了。

若瑟躺在他的長椅上等待着靜悄悄地離去之際，天主讓他睡着了。在睡夢中，上主的天使突然顯現給他。我們可以合理地假設他正是告訴瑪利亞她將懷孕救世主，及一切有關降生奧跡的同一位天使——嘉俾厄爾。

聖瑪寶告訴我們：當他在思慮這事時，看，在夢中上主的天使顯現於他說：「達味之子若瑟，不要怕娶你的妻子瑪利亞，因為那在她內受生的，是出於聖神。她要生一個兒子，你要給他起名叫耶穌，因為他要把自己的民族，由他們的罪惡中拯救出來。」（瑪 1:20–21）。

從這段聖經看來，若瑟經常在睡眠中受到惡夢的打擾，即使睡著，那愁思苦緒仍不斷地折磨他。

天使這樣稱呼他：達味之子若瑟。這個貧窮的鄉村木匠，通常自覺卑微，現在卻受到尊重，被譽為君王的後裔。他被尊為貴族，因為時期屆滿，那向他先祖達味許下的救恩諾言要在他身上實現。

不要怕娶你的妻子瑪利亞。若瑟準備離開瑪利亞並不是因為對她有所懷疑，而是因為他擔心若與她繼續在一起，那他不敢肩負的父職將要落在他身上；他不敢承擔這名分，惟恐會因此冒犯上主。

因為那在她內受生的是出於聖神。這句話解開了謎團，揭示了那在瑪利亞內受生的偉大工程，那是聖神的化工。那不屬血和肉的「永恆」已進入她內。

她要生一個兒子，你要給他起名叫耶穌，因為祂要把自己的民族，由他們的罪惡中拯救出來。若瑟雖然沒有參與這工程，但他不該認為自己與這嬰孩無關。相反的，從給祂起名開始，他便要行使父親的權利和義務。「耶穌」解作「救主」，這個名字表明了祂的神聖任務。祂來到世上是要把人從最惡劣的奴役——罪惡——中拯救出來。祂的確是來自天主的，因為除天主以外，有誰能把人類從罪惡中拯救出來？

若瑟並沒有像聖母領報時那樣和天使對話，他沒有提出任何問題。他接受了天主的口訊；他完全明瞭一切。他無需更多光照。他的恐懼完全消除了，而他也被邀參與救恩計畫。他可能比福音中提到的百夫長還先一步——耶穌要他怎樣做，他就做了。

天主在他的夢境中顯現。那是先知般的啟示，清清楚楚的，沒有任何懷疑或幻想的餘地，那是直接來自天主的旨意。若瑟知道他不是做夢，深信天使的話是來自天主的。

他醒來後，整個人充滿喜樂，他的欣慰超越他受過的痛苦。所有陰霾消散了，暴風雨亦已停息，他心頭的鬱結舒解了。最後他自由自在，歡欣雀躍，心中洋溢喜樂，眼睛充滿光芒。他意識到天主不僅把全世界最珍貴的寶藏交託給他，如 Monsignor Guy 說的：「祂的價值超越整個宇宙。」

他明白那在他未婚妻胎中的嬰兒就是他朝夕熱切祈求早日來臨的默西亞。他記起依撒意亞先知書的：**有位貞女要懷孕生子**。瑪利亞就是那預言中的貞女。他不覺得驚訝了，他知道她的德行，她的聖潔；他知道她堪當為至高者的聖所。

同時，他清晰地認識到他所要擔當的角色。他明白瑪利亞必須作為他的妻子好能成為天主之母；他不應該認為自己與這家庭無關，應慶幸自己被天主所選，以維護她和嬰孩的名譽。祇有藉着他們的正式婚配，他們彼此間真誠的愛，才是最可靠的保護。沒有了他，便缺乏了快樂和安定，天主降生的奧跡便無法實現。

他完全明白自己職責的重要，他要肩負一項令人驚奇讚歎、難以負荷的使命。

他自問以他這樣的一個樸素的鄉村工人，怎麼會被選來負這重任？他完全不是驕傲自大，只是深感自己的卑微貧寒。他祇能安慰自己說：這是天主的聖意。這種想法使他不再驚惶疑慮。他堅信天主的助佑，他自信能負起這重擔。他立即同意。他不會因自己的卑微不配而推卻上天的恩典。當全能者天主召喚時，要立即應允。

　　福音告訴我們，若瑟從睡夢中醒來，就照上主的天使所囑咐的辦了（瑪 1:24）。這幾句經文相當容易明白，他立刻解開包袱，把東西收拾好，在破曉時分，趕到瑪利亞的家。她打開門，不需要任何解釋，便知道發生了什麼事。他那煥發的臉容，爽朗的微笑表明天主已把奧秘揭示給他了。他立刻將天使的顯現和他的吩咐告訴她；而瑪利亞也首次向人傾吐她領受聖言降生的經過。

　　之後，若瑟更溫柔敬愛地注視她，驚訝地發覺她比以前更美麗、更聖潔。因為天主在她身上行了奇跡，她懷了那先知們所預言、民族長久盼望的葉瑟的幼芽。

　　之後，若瑟用瑪利亞的話語，即天使和依撒伯爾對她說的：「萬福瑪利亞，您充滿聖寵，主與您同在，您在婦女中受讚頌，您的親子耶穌同受讚頌。」這讚頌千年萬載永不止息，直到永遠。

　　瑪利亞則答以她的「讚主曲」。然後，他們談論他們的婚配儀式，兩人都認為應該盡快把儀式辦妥。

　　按照習俗，婚禮是必需的，但若瑟只想到服從來自天上的旨意，以證明他全心樂意參與天主要他分享的奧跡。事實上，瑪利亞已屬於他的了，在訂婚的儀式中當他說出「願意」時，他只希望和一個巴勒斯坦的童女訂婚而已。但，她竟是默西亞的母親！且是在神跡發生後天主命他娶回家的。

　　他急欲說出那使他們結合，永不分離的誓辭；未來也許充滿憂慮痛苦，但他會與人類的「同救贖者」一同分擔。

12

瑪利亞的丈夫

雅各伯生若瑟，瑪利亞的丈夫，
瑪利亞生耶穌，祂稱為基督
（瑪 1:16）

瑪竇福音說天使顯現之後，若瑟依照吩咐把瑪利亞接了回家。這似乎指出當日的習俗規定在未經正式結婚儀式之前，他不能與她同住。因此若瑟渴望盡快簽署結婚契約，完成結婚儀式。

當年猶太人婚禮儀式的詳情仍存留至今。瑪利亞和若瑟當然遵守法律規定的每一項細節，小心認真地遵守所有傳統禮規。

瑪利亞按習俗穿上一件彩色繽紛的長裙，披上圍巾，全身都給包裹着。面紗之下是整齊的秀髮，頭上戴着鍍金的花環。

夜幕來臨，瑪利亞蒙着面紗被送到若瑟的家。參加婚禮的賓客都穿上白色衣服，每人帶上金指環，隨侍在轎子兩旁。一群少女提燈走在前面，站在她兩旁的人揮動着石榴枝。納匝肋所有的居民，一聽到簫和鼓的音樂，都聚集在路旁，向新娘祝賀。他們怎會想到，天主揀選的人身上懷着他們渴望已久和期待已久的默西亞，正在身旁經過！

若瑟站在門前迎候，他穿著一件白長袍，頭上戴上金頭飾。

他們相遇時，新郎和新娘交換指約，然後面向耶路撒冷坐下。在裝飾華麗的帳篷下，瑪利亞坐在若瑟的右邊，跟著宣讀婚約誓詞，以示婚約的實踐。接着共飲同一杯酒，然後把酒杯摔碎，象徵他們此後要同甘共苦，哀樂與共。

接着，根據習俗，婚宴開始了，可能就在納匝肋某一旅館，在歡樂的氣氛中，宴會持續數天。

現在，若瑟和瑪利亞已彼此相屬，在天主和人面前結合了。天主為自己預選了瑪利亞，但祂願意祂的被選者，那在**女人中蒙福的**，得到地上的護衛者照顧。祂把自己從創世之始已深深愛着、盡心竭力守護着的受造物，交託在若瑟的手中。

這婚姻是依照上主的旨意進行的，一點也沒有不妥當。瑪利亞被召為天主之母，充滿了承行這崇高使命所需的各種恩典。沒錯，她比若瑟更神聖，但天使向他保證：**若瑟，不要怕娶你的妻子瑪利亞。**

這句話也許應加上一點註釋：「鼓起勇氣吧！她已懷着天主聖子，你真的是天主揀選作她丈夫的人。你是堪當接受這使命的。作為天主之母的淨配對受造物來說固然是個沉重的負擔，但是人不能做到的，對天主而言卻是可能的。你將得到所需的恩寵來完成你的使命。」

若瑟和瑪利亞的婚姻是真實合法的。實際上，世上沒有比他們更美滿的結合了。他們的愛是深厚和真摯的，因為他們在天主內彼此相愛。

聖神蔭庇他們、降福他們愛情的結合，懷抱他們，使他們更親近天主聖三。聖神是他們存在的基礎。在敬拜祂時，他們的靈魂相契合。聖神是他們一體的印記。

這正是讓他們婚姻恆久和美滿的力量。聖保祿在致羅馬人書中寫道：因為我深信：無論是死亡，是生活，是天使，是掌權者，是現存的或將來的事物，是有權能者，是崇高或深遠勢力，或其他任何受造之物，都不能使我們與天主的愛相隔絕，即是與我們的主基督耶穌之內的愛相隔絕。（羅 8:38–39）。

這就是深藏在瑪利亞和若瑟心中的秘密。超性的愛是純潔的，他們的愛由它而生，故此是永恆不朽的。的確，他們並沒有因愛對方而減輕對天主的愛，這使他們與天主更相契合。從他們訂婚時發願之始，若瑟以為他對瑪利亞的愛已達到高峰，不能愛她更多了，可是在天使顯現之後，她變得更可愛了。若瑟對她的依戀使得他變成了一個新人。她腹中的聖嬰使他更加虔誠敬畏，因他把她視作新的結約之櫃，覆蓋至聖所的會幕。

至於瑪利亞，她視若瑟為天主權威的代表，是天主揀選作為降生奧跡的合作人。因而她總是向他表示敬意、順從和溫柔。

他們的童貞願把他們結合得更緊密，由於他們的愛情不含情慾成份，因而不會受到憂慮、疑惑、愁苦、失望的困擾。童貞之愛是完美無瑕的，他們一點也沒有聖保祿所說的肉身上的痛苦（格前 7:28）。他們的心靈和肉身都是聖潔的，他們的愛情不斷得到豐富與滋長。鮑素艾讚歎道：「神聖的童貞，你的愛火是堅強的，因為它是自願的，和在我們心中燃燒的火焰絕不相等。因為那是潔淨的靈魂所散發的芬芳；那芬芳和貞潔之愛緊密結合。」

也許有人幻想那只是他們精神上的依戀，絕無感官上的吸引。那並不盡然，我們沒有理由猜想他們被剝奪了發自人內心深處的人性吸引力。

若瑟或許預感到瑪利亞因着她的使命，將有一天被稱為「吾樂之緣」。無論如何，她現在住在他的家中，他們相依為命，至死不渝，瑪利亞正是他喜樂的緣由。

瑪利亞又怎樣呢？她珍視若瑟的一言一行，他真誠而充滿情意。她以一個忠誠妻子的情意回報──快樂、順從、善體人意地服侍他，預見他的需要，附和他的祈求。他們最大的喜樂是怎樣讓對方得到快樂。瑪利亞會說：「我是個卑微的婢女。」「不，天主親自委派我來服侍妳。」諸如此類……

當瑪利亞在編製襁褓時，若瑟則在裝飾搖籃。很快，至高者之子，萬物之主，普世之救主，將躺於其中。

13

白冷

若說瑪利亞和若瑟在嬰兒出生前數月沒有忐忑不安，互相安慰，實是難以想像的。他們有沒有查閱聖經，研讀有關默西亞降生的預言呢？若有的話，他們定然不是出於好奇，而是為將要來臨的事準備得更圓滿。在那些預言默西亞的經文中，他們會填上「耶穌」這個名字。

米該亞先知書中有一段提到白冷將是耶穌的出生地，這經文使他倆心中充滿詫異和恐懼：

厄弗辣大白冷！你在猶大郡邑中雖是最小的，但是，將由你為我出生一位統治以色列的人，他的來歷源於亙古，遠自永遠的時代。（米 5:1–2）

米該亞先知的預言當然一點也沒有錯，但是甚麼使他提到白冷而不是納匝肋呢？

一天大清早，兩名街頭公告員宣布羅馬皇奧古斯都出了一道上諭，叫天下的人都要登記。由於猶太人的國家組織是把公民分為家庭、部族和種族，所有的人都得留在或返回自己先祖的城鄉登記。

在許多人眼中，奧古斯都這道諭令引起極大的憂慮和煩惱。「這皇帝難道要把以色列的子民當作畜牲去統計嗎？」當時一定有許多憤懣的抗議和怨恨。

至於瑪利亞和若瑟，他們不管當政者的措施如何，祇以天主的聖意唯命是聽。一聽到這諭令之後，心中激動異常。他們是達味的後裔，祖居白冷。白冷，不就是米該亞先知提及的小鎮？這命令可說是上智的安排。他們要到白冷登記。瑪利亞也要去白冷登記，也許因為她是父母的繼承人，或因為十二到六十歲的婦女受法律的約束，要前往登記。

夫婦兩人為旅途作好準備後，便踏上回鄉之路。若瑟因為工作關係，必需畜養一頭驢子。瑪利亞便坐在驢子上，若瑟肩上荷着行李，持着手杖走在她身旁。這是歷來畫家們所描繪的景象。

從納匝肋到白冷約五天路程（大約 160 公里），他們隨着篷車隊，沿途經過耶路撒冷、貝特耳（Bethel）、拜突里雅（Bethulia）。那時正是隆冬季節，道路情況很是糟糕。瑪利亞雖然由聖神降孕，可能避免了一些像她這樣情況下的不適，始終仍有不少艱辛和不便。

路經耶路撒冷時，他們可能為了到聖殿祈禱而在那兒停留了一天。在聖殿內，歌詠團以哀怨的聲調詠唱出期待救主的歌聲：「上主，祢何時才遣派祢所許諾的救主？」夫婦倆可能想大聲喊道：「祂在這裏！你們的救主多麼接近你們。祂仍在隱藏着，然而，按照經上的記載，祂在白冷將要被顯揚！」

在旅程的最後一天，旅客們瞧見了群山環繞的白冷，被萄葡園和花圃圍繞着粉紅色的房屋，為這小鎮贏得厄弗辣大（Ephrata）的雅號：園中花果茂盛。他們心中頓時湧出無比的喜悅。這是達味住過的城市，「達味之子」將要這兒降生……

他倆遵從立法者（耶穌）日後所說的：**凱撒的，就應歸還凱撒**，一進入村莊，立即按上諭的規定進行登記。

他們和其他人一起排隊等候。人們看到瑪利亞身懷六甲，有沒有讓她得到優先呢？不管怎樣，若瑟總會預備在不耐煩和擁擠的群眾中保護她。

他們終於站在人口登記員前，有穿著紅色斗篷的士兵保護着他。登記員提出了循例的問題後，若瑟說出了自己的家庭背景和現今狀況：「若瑟，納匝肋城中一個木匠，屬於達味家族……妻子瑪利亞，也是同一家族……」

那些聽到若瑟的答話，並看到他的文件的人，用奇異的眼光望着他們。怎麼這帝王的後裔竟是個平凡、簡樸的人？那登記員無動於衷，因為時間緊迫，匆忙地為他們登記。他絕對沒有想到，就是這對貧窮的夫婦，整個人類都獲得救恩，天主的預許就在他們身上實現。

若瑟宣讀了效忠的誓辭，並且繳了稅錢。現在他要著手尋找一個適合瑪利亞安身之所。可是，談何容易。村中滿是外來客，他們也是回來登記的，若瑟開始感到非常不安。他彎腰穿過人群、驢子和篷車，首先走進一家客店，懇求店主讓他們——他的妻子和他——度宿一宵。對他自己來說，任何一個小小的角落也可以，可是他那待產的妻子……孩子快要出生了，她需要一個隱蔽和安靜的地方。

店主把這對簡樸的夫婦從頭到腳打量一番。明顯地，他們很窮，祇能付出微小的代價。他向若瑟連聲抱歉，告訴他客店已住滿了人，一點地方也騰不出來了。

若瑟的心像鉛塊般沉重，他和瑪利亞在村中挨家挨戶敲門，而所有人都給他們同樣的答覆：屋子已擠滿了人，沒有空房間了。那些店主不單對瑪利亞毫無憐憫之心，在聽到若瑟的懇求後，更不願意接受待產的孕婦，何況現正是客滿之際。

名畫家奧利維亞(Luc Olivier Merson)曾畫出了上述的情景：夜深了，若瑟站在緊閉的門前輕敲着，一扇窗打開了，一個人伸出頭來，命他立刻離開——快走、快走。在畫的另一部分，瑪利亞聽到那苛刻的話後，跪在路旁，求胎中的兒子寬赦那不肯接待祂的人。

瑪利亞和若瑟並沒有覺得難過，也沒有半點抱怨。他們不獨沒有怪責拒絕幫助他們的人，卻為打擾了人家而抱歉。

最後，有人告訴他們在那兒可以找到藏身之處。那就是附近的一個山洞——猶大的石灰質山丘有的是數不盡的山洞——是牧人安置牛羊之處，也是流浪者蔽身之地。在四顧無援的景況下，他們祇得尋找山洞去。

那真是個糟糕的地方，黑暗、鬱悶、散發着濃煙和動物的氣味。地上滿佈垃圾和乾稻草，用以盛放飼料的馬槽如一堵牆般長。據傳統說，他們還發現了一隻牛和一隻驢子被綁在那兒。

可憐的若瑟，他所遇的挫折重壓在心頭。法伯爾（Faber）說：「白冷就是他的十字架。」他因受到拒絕和失望而責怪自己。他把一切都歸罪在自己身上。他向天主和瑪利亞責怪自己缺乏遠見。但瑪利亞一點也不受困擾，且溫柔地安慰他。

她對他指出這一切的謙卑均是上智奇妙的安排。天主降生贖世，一開始便立了捨棄世物的榜樣。她請求若瑟和她一同祈禱，一起朗誦她的「讚主曲」，那一直掛在他們唇邊的詩句……

14

星光熠熠之夜

他們……找到了瑪利亞和若瑟，
並那躺在馬槽中的嬰兒
（路 2:16）

他們一進入那簡陋的蔽身之處後，若瑟立刻著手把地方收拾妥當。他把掛在洞壁的馬槽燈點上，又把泥地打掃乾淨，在一角鋪上乾稻草，作為瑪利亞休息的地方。

當瑪利亞告訴他臨盆的時刻已近時，若瑟靜靜地離開山洞，他意識到天主既然不可思議地降孕，祂必定照料這嬰兒奇妙的出生。他找到一個離開山洞不遠的地方坐下來。他無法入睡，他的心以極快的頻率「砰砰砰」的跳動着。

突然，一種默感提醒他返回山洞。他撥開自己掛在洞口的外氅，即使在微弱的燈光下，他看見了在那巖石山洞中，出現了光榮的景象——嬰兒竟躺在那兒！

瑪利亞用乾稻草鋪好馬槽，並把嬰孩放在裏面，她跪在那粗陋的搖籃旁邊，兩手合十，雙眼凝視着祂，浸沉在愛與欽崇之中。附近立着兩頭家畜，牠們俯下頭，好像要用牠們的呼吸來溫暖祂。

瑪利亞奇妙地在無損童貞的情況下，把她的孩子帶到世界來。她不必像其他母親般要付出苦楚的代價。她把嬰孩包裹在早已預備好的襁褓裏。

長夜漫漫，流傳下來的預言實現了：在黑暗中行走的百姓看見了一道皓光，光輝已射在那寄居在漆黑之地的人們身上（依 9:1）。太陽在那地區已沉到最低點，現在它將開始攀升。

聽見若瑟的腳步聲，瑪利亞向他點頭微笑。她從馬槽中抱起稚嫩幼小的嬰兒，把祂放在若瑟的臂彎。

這景象使我們想到昔日伊甸樂園中的另一個場景——厄娃將禁果放在亞當的手裏，樂園之門從此關閉。但現在，在白冷，第二個厄娃把她蒙祝福的果實，萬民藉以得救的主，交給了若瑟。

若瑟成了耶穌降生後首位受惠者。因着這動作，瑪利亞好向我們指出若瑟應獲得的尊敬遠勝其他聖人。

我們要記着普通剛出生的嬰兒也許沒有聖嬰那般可愛。這位所有被救贖者的兄弟，是否和其他嬰兒一般？我們不知道。不管怎樣，若瑟清楚他手抱的是天主聖子，他告訴瑪利亞祂的美麗。他把嬰兒緊抱在懷中，眼中充滿喜樂之淚。接着他惟恐自己不配，便把嬰兒交回祂的母親。兩人沉醉在愛、祈禱和默想之中，一起照料嬰兒。他們目不轉睛地凝視着襁褓中脆弱的嬰兒，祂躺在稻草堆中，安然地嚅動着小嘴，就像其他新生嬰兒一樣，然而祂的所在處比他們更為貧困，祂佔了神貧的首位。

這裏真的躺着天主派遣的救主嗎？真的是尊貴的默西

亞，是達味所歌頌的光榮？上主對我說：你是我的兒子，我今日生了你。你向我請求，我必將萬民賜你作產業，我必將八極賜你作領地（詠 2:7–8）。

在那個歷史時刻，整個猶太世界正在盼望着默西亞的來臨，但沒有人想到祂以謙虛而寂寂無聞的身份來到人間。這個時期，以色列正在羅馬人統治之下，人們心目中以為天主預許的救世者必會為他們帶來復國的希望，一雪前恥。祂定會以凱旋的姿態，無比的尊威和富貴降臨人間，為他們贏得財富、權力和富庶，祂會使以色列民族凌駕其他民族之上。

有誰能想到默西亞竟沒有冠冕與權杖、皇宮或軍隊，而是像乞丐般出生於馬槽呢？鮑素艾說：「在這環境之下，很難理解若瑟如何能夠相信祂。」

但若瑟的信德像堅不可破的堡壘，不為任何事物所動搖，沒有任何改變。加上他一向以公義、正直和聖潔的生活來準備迎接默西亞；還有瑪利亞的相伴、她的所言所行。在超性的光照下，他明白在這些卑劣景況中，一定隱藏着深不可測的奧秘。

他毫不遲疑地崇拜那被襁褓包裹着的俘虜。他一刻也沒有懷疑這在昏暗的燈火照耀下的嬰兒，就是那住於不可親近的光中的解救者（Liberator）。

瑪利亞的「讚主曲」告訴他，祂從高座上推下權勢者，卻舉揚了卑微貧困的人。他從嬰孩嚶嚶的喊聲，聽到了永恆的「今天」的喊聲，這是天父那非受造「聖言」的智慧。

他的信德掃除了一切障礙，揭示了天主的神性。他的口重覆的唸着天使在聖母領報時給嬰孩的稱號：「達味之子、至高者之子……、天主之子，耶穌——救主……」

這聖嬰沒有皇宮與皇袍，卻安於襁褓與馬槽，祂的皇冠是馬槽中的乾稻草做成的，祂降生人世，正是為了教導人真正的榮耀不在於外在的裝飾而是隱藏在簡單的外表；真正的財富在於捨棄世物的精神。如果說白冷的店主不為祂留一席之地，不如說祂願意以「愛」的乞丐的身份降臨人間。

如果祂哭泣，那是因為祂要以淚水洗淨罪惡的污穢。

若瑟明白整個奧秘的這一部分，並全心沉潛其中。他靜默地，不發一言地朝拜。靜默就是他崇拜的方式。默默的朝拜，讓他更深入瞭解自己的使命。天主已把祂的獨生子交給他照顧，他熱切期待履行自己的職責。

注視着躺在馬槽中的嬰兒，他極為平安，他意識到整個人充滿了無比的力量。他愛祂如自己的親生骨肉——一個父親的慈愛，並呵護祂。他活著祇為了祂。

若瑟對天主聖父重新了諾言，他承諾把自己生命的每一時刻都獻給這嬰兒：他雙手的力量、他的辛苦勞累、他的整個生命。他只祈求得到足夠的恩寵來完成天主給他的使命。

15

第一滴血

滿了八天，孩子應受割損，
［若瑟］遂給他起名叫耶穌
（路 2:21，瑪 1:25）

瑪利亞和若瑟在降生成人的聖言旁邊，默觀出神時，主之天使顯現給一些在附近山邊的牧羊人，天使對他們說：

不要害怕！看！我給你們報告一個為全民族的大喜訊：今天在達味城中，為你們誕生了一位救世者……這是給你們的記號：你們將要看見一個嬰兒，裏着襁褓，躺在馬槽裏。

天主發出的第一個邀請去朝拜祂的聖子的是那些微不足道，心地純正的牧羊人，聖詠作者們稱他們為卑微人。他們獲得特別的眷顧是因為他們類似默西亞的祖先達味，「牧童皇帝」。日後祂說我是善牧時，牧羊人是在最親近祂的人群當中。這些簡樸的牧羊人離開了他們的羊群，匆匆地趕往白冷。他們不費氣力便找到了那新生兒，因為這小城的人記得在城裏找不到客店而要暫住在山洞中的馬槽的那對年青夫婦。牧羊人們就像福音所載，在馬槽找到了瑪利亞和若瑟，…嬰兒。

　　若瑟對這些質樸的善良人表示歡迎，簡單地解釋了為何他一家人會在馬槽裏，並把他們引到瑪利亞面前。她神采飛揚，首次履行了「天主之母」和「中保」的職責，她把嬰孩抱起，讓他們觀看。若瑟把燈提高，讓光線照在嬰兒臉上，好讓他們看得清楚，他們本能地屈膝叩拜，成為第一批朝拜者。

　　這些朝拜者無比簡樸，對聖嬰的敬畏和尊崇，令若瑟心情激動，對他來說，牧羊人的到來，恍若天主親臨。若瑟感激地接受了他們的禮物：牛奶、牛油、蜜糖、一些羊毛，或者還有一隻初生的小羔羊。牧羊人們還答應為這個小家庭在村中找一個適當的住處，好讓他們暫住一段時日。

　　牧羊人心中充滿希望和歡樂返回羊棧，途中無論遇到什麼人都述說他們的所見所聞。另一方面，若瑟則盡快前往為兒子登記，並且找尋牧人為他們安排的住處。時至今日，白冷的居民仍指着某處向遊客說：「這裏就是聖家離開馬槽後住過的地方。」

　　也許這是真實的。但可以肯定的是，若瑟必需設法在白冷找一些可以養家的工作。他本性勤懇，若要受人救助必定尷尬異常。因為雨季已開始，必得留在村中，而且嬰孩還太稚嫩，不能長途跋涉返回納匝肋。

　　聖家一直留在白冷，直至逃往埃及。似乎他們在從埃及回來時，若瑟曾打算在白冷永久居留。因聖經挑選白冷出來，稱它為達味之城，若瑟也許認為他有責任留居此地，讓默西亞居住在祂出生的地方，並在那裏名顯於世。

法律規定嬰兒出生後第八天必需受割損禮。割損禮是天主命令亞巴郎實行的儀式，作為天主與選民的永久記號。

既然這嬰兒是天主聖子，若瑟本可認為這樣的儀式是不必要的，但他知道顯示默西亞的特別時刻仍未到來。由於祂奇跡般的隱瞞在婚配的面紗下出生，現在讓人知道祂的身分必與天主的旨意背道而馳。因此，他必需遵守以色列的法律。

按照俗例，親戚、朋友、甚至遠方的親友，——包括匝加利亞和伊撒伯爾——都被邀參加典禮。就如我們今天領洗慶典一樣，那是個愉快的、舉行家庭宴會的慶日。

若瑟自己主持儀式，而不是像許多畫家所描繪的那樣，把司祭畫作主禮人。他榮幸地有權把天主子民的傳統印記刻在嬰兒基督的身上。他的禱詞是：「我們的上主雅威是應受讚美的。在母胎中祂已祝聖了祂的心愛，並把祂的『法律』刻在祂身體上。祂為祂的兒子刻上盟約的記號，讓他們能夠接受我們的祖先亞巴郎的祝福。」襄禮者答以聖詠：「祢所選拔作你兒子的人是有福的。」

當若瑟進行割損時，說出他和瑪利亞由從天使得到的名字。天使曾對聖母說：要給他起名叫耶穌。若瑟也得到同樣的訊息：[瑪利亞]要生一個兒子，你要給他起名叫耶穌。天主在這事上，賦予若瑟與瑪利亞同等的地位，從而肯定若瑟可在孩子身上行使父親的權利，因為在以色列割損禮是由父親主持的。

若瑟在行割損禮時可能不清楚理解自己這行動的象徵價值。他滿意自己能遵守猶太法律，但同時為自己給這嬰兒造成的痛楚頗有歉意。當他聽到嬰兒痛苦的哭聲，看到衪的血和淚時，他也接受不了，心頭頓時絞痛起來。

我們是那些必需清楚瞭解若瑟舉行這儀式的隱藏意義的人。

為希伯來人來說，起名有着極大、極重要的意義。它的含義通常取決於孩子出生時的環境和預示了他的未來。在這裏，是天主親自為衪的愛子取了衪應得名字，而把為兒子起名的尊榮讓給了若瑟。這名字準確地指出救世主在人類中的使命。

這名字將有一天在加爾瓦略山高舉在十字架上。正如聖保祿宗徒告訴我們的，這名字超越其他所有的名字、上天、地上和地下的一切，一聽到這名字無不屈膝叩拜、這名字將要在愛中重覆述說，直到永遠。

耶穌這名字在以色列人中很普遍，除瑪利亞的兒子外，有許多人也採用這個名字。這名字特別適用於若蘇厄，農（Nun）的兒子和約匝達克（Josedec）的後裔，但他們祇是耶穌的預象。耶穌不單把人從痛苦、疲乏和遷徙之苦中解救出來，更要從罪惡、永死之中救贖人類，且不僅是為一個民族，而是關乎全人類的救贖。

若瑟代表永生之父為耶穌命名。他意識到刻在嬰兒身上的這個名字，將是衪的寫照。若瑟是第一位用這名字稱呼衪的人，「衪的名字叫『耶穌』。」換句話說，他本可以說「祢將成為世界的救主；祢就是經上所載，民眾所望的那位。」

既然若瑟是天主的代權人，天主願意祂兒子在苦難的標誌中來到世上，因此命名這時刻可以說是無窮盡苦難的開始。

若瑟展開了救贖普世的奧秘，他劃破了祂的肌肉。由他引出的第一滴血，在苦難時刻會像河水般傾流。他挖掘出那慈悲和贖世鮮血的源頭，它會恆久地清除世界的罪惡。那名幼小嬰兒，當祂啼哭掙扎着，接受了那饒有深意的名字時，開始了祂作救世主的使命。

禮儀結束後，賓客散去；當瑪利亞照顧嬰兒的傷口時，若瑟不時念着嬰兒的名字。耶穌聖名是多麼的迷人、多大的承諾！遠在聖伯爾納鐸歌頌祂，說祂是耳中的仙樂、口中的蜜糖之前，若瑟早已嘗到祂的甘飴了。

每次喊出耶穌這個名字時，若瑟都會回憶起這兩個音節（Jesu）所隱藏着的奧秘。像聖母在領報時一般，他也預先接受了分嚐救世者的使命所帶來的考驗和痛苦；過去的經驗讓他知道，一切創傷將會加深他慈父之心的痛苦。

16

西默盎的預言

祂的父親和母親就驚異他關於
耶穌說的這些話
（路 2:33）

　　從福音記載耶穌童年的所有章節中，可以看到若瑟與瑪利亞無間的合作。「若瑟和瑪利亞一同到白冷去……他們在那裏的時候……牧童們找到了瑪利亞和若瑟……他們便帶着孩子上耶路撒冷……祂的父親和母親就驚異……西默盎祝福了他們……便返回了加里肋亞……祂的父母每年逾越節往耶路撒冷去……他們在聖殿裏找到了祂……祂屬他們管轄……」

　　若瑟履行了天主委託於他的責任，瑪利亞每做一件事必先徵詢他的意見，順從他的權力。他是一家之長，因此在那令人讚嘆的一夜之後的四十日，若瑟陪同他的妻子到耶路撒冷去；此行有兩個目的：取潔禮和奉獻嬰兒於聖殿。雖然瑪利亞肯定沒有取潔的必要，因為童貞懷孕祇加增她的光榮，但她願意遵從法律，而耶穌——天主自己，絕對不受俗例所束縛。

　　瑪利亞和若瑟兩人一心一意，認為法律所規定的，必需切實遵守。

他們滿懷欣悅地踏上旅程，因為他們將要履行一項宗教的儀式。他們做夢也想不到，他們喜悅地展望的，卻是未來苦難悽慘的預告。

嬰兒在母親瑪利亞的懷中，在若瑟的陪伴下，第一次進入耶路撒冷。這座城將來要驅逐祂，使祂像依撒格負薪祭獻一樣，背着十字架，走出它的城牆，到哥耳哥達去。

若瑟在聖殿門口買了兩隻雛鴿，那是窮人的獻禮，旁觀的人可能早已發覺這小家庭購買不起羔羊了。

突然發生了一件意想不到的事。從一大群朝聖者、商人和乞丐中，一位老人受了聖神的默感而走向他們。他名叫西默盎，福音說**這人正義虔誠**，是以色列活生生的象徵，他唯一的希望就是默西亞的來臨。當他見到耶穌在母親的懷裏時，得到聖神的感動，知道眼前的嬰兒就是那預許者，萬民的期望。他走近瑪利亞和若瑟，從她手中接抱了嬰兒，歡欣雀躍地讚美天主，情感激動地雙目充滿了愛，唱出了勝利和感謝之歌：

主啊！現在可照祢的話，放祢的僕人平安去了！因為我親眼看見了祢的救援，即祢在萬民之前早準備好的；為作啟示異邦的光明，祢百姓以色列的榮耀（路 2:29–32）。

福音繼續說：祂的父親和母親就驚異他關於耶穌所說的這些話。剛聽到的不單是一個啟示，而是除他倆外，這兒竟有另一名受默感的見證人，向世界宣報救主的來臨。

感謝天主以後，西默盎祝福了若瑟和瑪利亞，並鼓勵他們繼續執行他們的使命。他有否想過他倆因奉行主旨，後世的人會尊他們為天主子民中的至聖者？

他祝福了兩人，雖然他們各有不同的使命，但兩人同是輔助默西亞降臨人世的工具。

接着，他着眼於瑪利亞。他不怕向這位年青的母親預告將來可怕的事情：**看！這孩子已被立定，為使以色列中許多人跌倒和復起，並成為反對的記號——至於你，要有一把利劍刺透你的心靈**（路 2:34–35）。

這預言和它的應驗，沒有若瑟的分子。西默盎似乎不願意他知道日後發生在加爾瓦略山上的慘痛，因那時若瑟已不會出現了。

但若瑟的心也同樣被利劍刺透。當他知道兒子和淨配日後要嘗到的苦楚時，他又怎能不痛心呢？此外，這樣的打擊對他更是殘酷，因為這些話是那麼清晰確切，但對若瑟來說卻是那樣的模糊，使他有各種猜想、擔憂各種折磨。

耶穌成為反對的記號，這話有甚麼意思？祂是不是要被那期待祂來臨的民族所拒絕？人類是不是要分成兩個對立的陣營？一方褻瀆，一方敬拜？一方失落，一方得救？

關於瑪利亞的預言，對他來說同樣也是一種折磨。她亦要抵受無盡的痛苦和各種厄運。

若瑟多麼希望所有這些折磨都落在自己身上！讓他自己去承受折磨吧！他可以忍受的。瑪利亞——那麼可愛、純潔、神聖，難道天主決意讓她受這些痛苦嗎？

西默盎的預言沒有談及若瑟，這傷透了若瑟的心，痛苦重重打擊他。這些思想深刻地印在他的心靈，使他一生愁苦。每當看着兒子和妻子時，不免想到他們將要受的未知之苦。若瑟因先知的話語而為孩子和母親驚惶，在回家路上心中懷着不可彌補的創傷。

堅強而忠信的若瑟從不埋怨，從不強求。他曾為嬰兒起名耶穌——救主，他本能地認識到祇有靠苦難才贏得救贖，他慷慨地接受一切：*Fiat*（我願意）。他渴望與默西亞和祂的母親在那苦難之路上同行，他祈求道：「主，儘管我不配在祢的救贖計劃中成為合作者，我懇求祢，若祢需要一個犧牲的人，我就在這裏；請接納我，但求祢寬免他們吧！」

若瑟和瑪利亞現在進入聖殿，簡單而樸素的儀式開始了，若瑟把那對鷯鴿放在祭台上，心中希望能夠奉獻更貴重的祭品。司祭為瑪利亞誦唸了規定的經文。

若瑟從腰間取出了五個「協刻耳」（shekels），象徵贖回了祂——世界的救贖主。

一切都完成了。司祭迅速地完成儀式，一點都猜想不到他參與了聖殿歷史上光榮的一頁。他漠不關心地看着那孩子，完全察覺不到降生聖言的任何跡象——祂——來到世界，對祂永恆之父說：**我已來到，為承行祢的旨意。**

那被選的一家預備返回白冷，若瑟決定暫時在那裏建立家園。他們在返家途中沉默不語，西默盎的話語縈迴在他們心中，他們很少交談，他們得學習受苦。

　　瑪利亞把嬰孩抱在懷裏，充分意識到擺在這嬰孩面前的命運。她無限憐愛地緊緊抱着祂。

　　而若瑟，從沒有像此刻那麼深切地瞭解他那重大而神聖的召叫——服侍、養育、保護他們，直至那可怕的時刻到來，祂將為人類作贖罪祭。

　　當天晚上，臨睡之前，他俯身親吻嬰孩，把自己代入西默盎的角色，重覆他的讚歌：「主啊！不要放祢的僕人離去，因祢交託給我的嬰兒仍需要我，直到祂顯耀於世的那一天，那時祂將顯示自己為萬民的救贖和萬國之光。」

17

流徙之途

西默盎在聖母獻耶穌於聖殿的那天，曾論及耶穌說：看，這孩子已被立定⋯⋯成為反對的記號。若瑟很快便得到證明，西默盎的預言是多麼真實！

以色列所有人都聽說過黑落德這名字。人們都知道他的醜行、殘酷和令人髮指的罪行。他曾謀殺了他的妻子和三個兒子。一個猶太代表團曾到凱撒·奧古斯都前訴說他的惡行，說死去的人比暴君迫害的活人活得更好。可是若瑟遠遠沒想到這個人的忿怒和妒忌竟會落在耶穌身上。

我們不知道賢士來朝與獻耶穌於聖殿之間相隔了多久。聖教禮儀把各個慶節都縮短了，每個慶節之間相隔祇有短短的時間，實際上，這兩個慶節的相距必定有幾個月。有些釋經者認為相距一年，甚或超過一年。

賢士來朝時，福音並沒有提及若瑟。也許他剛在離家相當遠的地方找到工作，當他們來時剛巧出外工作去了。瑪利亞當然一定會盡快通知他，而他也會立刻趕回家。

由於他沒有權揭露天主的奧秘，因此當賢士把他當作孩子的生父時，他並沒有作任何解釋。這些東方貴族富麗堂皇的形象，一定把若瑟嚇呆了。他謙遜低調地退到一旁，讓瑪利亞來接待客人。不過，他心中卻充滿了喜悅。見到博學高貴的賢士，如同可憐的牧羊人般，遠道前來朝拜瑪利亞的兒子，覺得十分欣慰。

若瑟感到自己與賢士有共通之處。他的信德和他們的一樣，純真而強烈、平和而勇敢。只不過是一個標幟──一顆星，已足以使他們橫穿沙漠。當他們抵達耶路撒冷時，衹提出一個問題：**纔誕生的猶太人君王在那裏？**他們在長途跋涉之後見到一個窮困而弱小，甚至無法說話的嬰孩，並沒有感到失望或氣餒。他們既不以祂的卑微而感到驚異，卻散發出喜樂的光輝，向祂屈膝叩拜。

東方民族的俗例，在拜見長上時必定攜帶些禮品，他們這次也攜帶了很多禮物。若瑟看見嬰孩床邊放着來自敖非爾（Ophir）的黃金、阿刺伯（Arabia）的乳香，和雇士（Ethiopia）的沒藥。黃金代表嬰兒的王權，乳香代表祂的神性，沒藥尊榮祂的人性。

目睹這些象徵性的禮物，若瑟重新在心中發出自我的奉獻：「我的耶穌，我也承認祢是君王：我獻上的黃金就是我的愛和服務；我崇拜祢的神性：我獻上的乳香就是我的信德；我宣認祢為世界的救主：我用我的雙手保護祢、用我全部的力量協助祢進行救贖工程，至死不變。」

若瑟所說的不是空言，他受考驗的時刻快到了。賢士得到超性的指示，不要回到黑落德那裏，就由另一條路返回自己的地方。

　　若瑟也得到一個緊急嚴重的警告。聖瑪竇寫道：他們離去後，看，上主的天使托夢顯於若瑟說：「起來，帶着嬰孩和祂的母親逃往埃及去，住在那裏，直到我再通知你，因為黑落德即將尋找這嬰孩，要把祂殺掉。」若瑟便起來，星夜帶了嬰孩和祂的母親，退避到埃及去了。

　　看到福音輕描淡寫地記述這件重要的事實，使人以為這是輕而易舉的事。然而，這段短短的經文披露了若瑟的信德是多麼的堅強，他的心靈又是多麼的高貴。

　　他沒有給這命令嚇得驚惶失措，他祇思索着該如何執行。換上別人，可能早已嚇得不知所措和失望了。甚麼？天主子竟要逃避迫害！經上不是說祂會帶來和平的統治嗎？而現在，祂剛剛出生，人便來追捕祂。祂以救主的身份來到人間，卻不能保護自己！

　　若瑟曾聽過這些話：「你要給他起名叫耶穌，因為他是救主。」一名奇怪的救主，祂竟要隱姓埋名逃往一個陌生的國家！祂在天之父到底是怎麼一回事？博繫埃寫道：「突然一位天使出現了，像一名受驚的使者，彷彿整個天堂因警報而引起驚慌，在喧鬧忙亂中他飛奔趕來報信。」

　　那可指揮雷電、率領天使大軍的祂，現在只擁有一個小得可憐的塵世小國，然而，祂竟為這小軍旅感到自豪，這是多麼的奇怪啊！

　　若瑟也許曾經抱怨自己被迫到處奔波，甚至一點準備的時間都沒有便得逃往一個陌生的、險惡的地方。直到最後的一刻，天使才隨隨便便的對他說：住在那裏，直到我再通知你。

　　在和他有關的一切事情上，若瑟絲毫沒有上述的忙亂。他曾在依撒意亞先知書中讀到一段經文，並把它當作天主對自己說話：

　　就如天離地有多高，我的行徑離你們的行徑，我的思念離你們思念也有多高。（依 55:9）

　　他也把信德建基於瑪利亞身上，她最微小的安慰也帶給他心靈上寧靜之光。他不去判斷或批評，以免得罪天主，輕視祂高超的計劃。在嬰兒出生之前或之後，他從沒有抱怨過任何因祂引起的焦慮或不方便。

　　星夜逃往埃及躲避黑落德與要接受瑪利亞因聖神受孕的消息同樣使他不安。在他看來，兩者同是奧跡的一部分。

　　畢竟，如果天主願意，可以輕而易舉地解決黑落德和粉碎他的計劃——祂是全能的。祂連天上的星辰都可以移動，但祂卻來到世上分擔人類的命運。祂取了奴僕的形體，與人相似。祂無需行奇跡來逃避迫害，因為祂要貶抑自己來戰勝罪惡。

　　由於祂的救世工程還未開始，此刻祂不會隨同諸聖嬰孩一同殉難。

　　若瑟非常清楚地明白到天主是揀選了自己去照顧瑪利亞和耶穌聖嬰。這兩人比他自己的生命更為重要。如果來報信的天使沒有受命陪伴他們前往埃及，那是因為若瑟就是要代替天使作瑪利亞和嬰兒的護守天使。除非他願意付出這卓越召叫所要求的代價，他不能膺選為天主子的養父。他也必需參與這救贖工程。此外，他祇有一個渴望、一個意願，他祇期待一件事——不惜任何代價，都要執行天主的旨意。

他立即起來，喚醒瑪利亞，告訴她夢中所得的命令。瑪利亞走到搖籃旁，在那裏，在絕對的寧靜中，躺着全知的天主——祂似乎不知道那和自己性命攸關的命令。

匆匆地，他們準備起程，把孩子的衣物，毛毯和食物放進一個大袋子裏。若瑟把僅有的黃金積蓄放在腰囊裏。猶疑了片刻，看看是否應該帶走他的工具，終於因為擔心它們過於沉重，影響行程，便決定把它們留下。

若瑟把驢子帶到門前，瑪利亞抱起仍在熟睡中的嬰兒，騎上驢子，二人立刻星夜起程。他揀選了較僻靜的小路，帶領着他的寶貝——愛兒和妻子，逃往安全的地方去。

18

留在埃及

[若瑟]留在那裏，直到黑落德死去
（瑪 2:15）

為避免經過耶路撒冷，三賢士由另一條路返回東方。若瑟則帶着瑪利亞和嬰兒取道向西逃往埃及。

許多釋經者都想知道為甚麼天使會指定埃及作為他們避難之所。他們所提出的理由相當有說服力，但最明顯的原因是埃及是最接近以色列的鄰近國家——祇需四、五天路程就可到達埃及邊境。此外，埃及通常被以色列人視為逃避迫害和飢荒的避難所。

在路上，若瑟可能想到十八個世紀之前被兄弟賣作奴隸的另一位若瑟，他也曾經走過同一的路。古若瑟並不知道在天主的計劃中，自己是默西亞養父的預象。

若瑟拋棄了一切——他的家園、他寧靜的生活、他的工作——不但前路茫茫，更不知流徙止於何年何月。如同昔日對亞巴郎所說的，天主也如此對若瑟說：「離開你的故鄉、你的家族和父家，往我指給你的地方去。」為了從黑落德的魔掌中，把耶穌和祂的母親拯救出來，他立刻動身。

　　若瑟心焦如焚，他問自己，他們怎能忍受那殘酷的「出谷」之苦？荊棘滿途，危機四伏，他們更要從速趕路。他知道自己必需隨時準備保護他們免受任何危險的威脅。那頭沉著的驢子固執地保持着慣常那樣慢吞吞的步伐，載着那在母親懷中甜睡的萬王之王。若瑟焦急地驅策着牠。

　　若我們相信偽經的記載，那途中便發生了數之不盡的奇跡：一群群的天使護衞着他們、動物和植物合力給他們提供糧食、遮蔽的地方等等。

　　而現實卻全然不同。如果耶穌沒有若瑟的保護，祂一定會更匱乏、更孤單、遭遇更多的危險。

　　許多個晚上，他們必需露宿山野；在白天又得避過許多散佈各處的遊牧民族村落。他們又得頻頻回望，看看有沒有被人跟蹤。面對交叉路口，又得推測該走那條路。遇到商旅的懷疑目光，又要顯得若無其事；商旅顯然覺得奇怪，為甚麼這三個可憐的人在沒有人保護下竟在荒涼的沙漠漂泊。他們到底要到那裏去？

　　期間，黑落德針對白冷嬰孩的血腥命令，正在如火如荼地執行着。

　　但是這個小家庭匆忙趕路。他們祇在瑪利亞哺餵嬰兒時稍事停息，或是當他們來到一道水源，要喝個痛快並注滿水袋時，才稍作停留。

　　他們筋疲力竭，疲憊不堪，衣服都破破爛爛的、步履蹣跚、腳破血流，經過迢迢千里，終於抵達了埃及邊境。

這時，他們對黑落德的恐懼才告稍減。可是一波未平，一波又起，來到這個國家的生活又會是怎樣的呢？這個曾驅逐他們祖先的國家，成了褻瀆的、拜邪神的中心。除了真神之外，他們什麼都拜：太陽、鱷魚、牛……

偽經又說，當聖家抵達埃及時，邪神偶像從基座上掉了下來，成為碎片。除了依撒意亞先知的這段：**有關埃及的神諭：看，上主乘着輕快的彩雲，來到了埃及，埃及的偶像在他面前戰慄**（依 19:1），其他的是毫無根據的傳說。

他們還得走六天的路程，才到達主要的城市。他們渡過尼羅河時，記起當年雅各伯一族曾喝過這河的水，……嬰兒梅瑟在河邊被發現。在地平線上隱約可見的雄偉金字塔，其中最巨大的是胡夫（Cheops）金字塔，是動用了十萬奴隸，辛苦工作了三十年之久才得建成。

畫家有時會畫出聖母懷抱耶穌，睡在人面獅身像的指爪之間。若真的是這樣，聖若瑟在裹着毯子睡在沙上之前，可能想到自樂園時代一直流傳下來使人迷惑的迷語，會在睡着的嬰兒和祂的母親身上得到答案。

傳說又指聖家在厄里約頗里（Heliopolis，譯按：即創 41:45 之翁城）住了一個時期，那是一個重要的猶太殖民地。仆托肋美‧斐樂美（Ptolemy Philometor）特准在這裏建築一座富麗堂皇的聖殿，足以和耶路撒冷聖殿媲美。

同一傳說又指出幾處為若瑟曾搬遷過的地方，可能他正在努力尋找工作。貧困、人地生疏，加上言語不通，缺乏工具，更糟糕的是，無法給人一個合理的解釋何以離開祖國，或離開祖國的動機時，找工作並不容易。到處遇到的都是猜疑的目光、恥笑、閒言閒語……

白冷那夜的光景又再出現，若瑟一戶一戶的敲門，羞怯地詢問有否什麼木工或類似的工作。每遭到拒絕時，他總是沉着氣忍受委屈，祈禱說：「主啊！我樂意自己捱餓，但是，主啊，不要讓我的妻子缺乏食糧。」

當然有人給他提供一些找工作的建議。他一定已習慣於被冷落、被歧視。他要在工場或墟市中逗留一段長時間，等候一些承包商用最低的工資，僱用一些人做那些最吃力的工作。若瑟雖然從未做過這類工作，也得接受。

但是，當若瑟傍晚回到家時，瑪利亞的溫柔體貼和同情、在他懷中的嬰兒耶穌的微笑，給他極大的安慰與補償。

我們可以相信瑪利亞一定精於編織和刺繡的，她一定會做些手藝以幫補家計。又可以想像她匆忙地把完成的作品交還，就像現今許多窮苦家庭的婦女一樣。

他們又必需頻頻遷居，由此可以想像他們的居處並不理想。因為不是隨處都有猶太人聚居點，他們很難獲得鄉親的指示和接濟。有時若瑟會用些木塊或籐枝做張靠椅，把它靠着破敗不堪的牆壁做個簡單棚子，或在階梯下或拱門下尋找涼蔭的地方，和其他我們今天稱為「流浪者」的人一同分享。

可以肯定的是，他們在埃及備嘗各種疏離孤獨的苦況。

當地居民或會把他們當作從加里肋亞來的工人，希望能在埃及尋找工作以改善生活。他們對若瑟的誠實無詐袛報以聳肩搖頭。

但是這小小的家庭絕不會透露他們流亡的真正原因。他們極力避免提及自己祖居的名字，他們也不為窘境懊惱。耶穌降生之時已給了他們立好表樣，他們知道，生在馬槽是祂的自由選擇。他們想到能和祂共度窮困隱閉的生活是天父的旨意時，感到安慰，並以白冷的奧秘得以保守而心感快慰。

19

返回納匝肋

他便起來，帶了孩子和祂的母親，往
以色列地去（瑪 2:21）

聖史瑪竇祇用了聊聊數語描述聖家旅居在埃及的經歷：……［他］留在那裏，直到黑落德死去。就應驗了上主藉先知所說的話：「我從埃及召回了我的兒子。」這簡潔的字句，僅此而已。

他們在埃及逗留了多久呢？答案祇能猜測推斷，關於這個問題的意見不計其數。聖文德說是七年，有些教父們則說祇有幾個月。為了有足夠的時間讓他們說的所有奇跡發生，偽經的作者指這流徙期為三年。然而有些釋經者提出了較充分的理由，把旅居埃及的時間定為一年或兩年。[1]

根據瑪竇福音的記載：黑落德死後，看，上主的天使在埃及托夢顯於若瑟，說：「起來，帶着孩子和祂的母親，往以色列地去，因為那些謀殺孩子性命的人死了。」

---

[1] 耶穌會會士 R.P. Durand 在他的「瑪竇福音評論」中寫道：「黑落德死於羅馬曆 750 年的春天，復活節前七天。另一方面，由於耶穌基督降生的日期，不能早於羅馬曆 747 年，因此聖瑪竇和聖路加在他們的福音頭兩章所敘有關聖家的所有事跡──包括了他們逃往埃及，若認為聖家在暴君死後立即奉命回國，那麼他們在埃及大概逗留了三至四年。」

他便起來，帶了孩子和祂的母親，進了以色列地域。（瑪
2:19–21）

這樣，天主又藉着天使把祂的旨意告訴了若瑟。聖理
納卜茅里斯（St. Leonard of Port-Maurice）寫道：「這位偉人
與天主聖三打交道時必須秘密進行，讓天上的使者忙過不
了。」這是聖史第三次談及天使探訪若瑟。又在回國的旅
途中，同一位天使使者第四次來到若瑟那裏。

我們或許想知道為甚麼若瑟在睡夢中才接收到這些神
聖的指示，因為其他的人，像匝加利亞和白冷的牧羊人——
在值夜牧羊時見到天使。然而，教會時常提醒我們不要把
夢兆演繹成天主的計劃。

通常的解釋是：若瑟醒來後，因着恩寵，確信他的夢
是來自天主，肯定那是天主所揀選的方式，讓他知道祂的
旨意，因而他對此深信不疑。如果天主真的用了這簡單、
低調的傳達方式跟若瑟溝通，那是因為祂要強調若瑟那持
久、堅強而又活潑的信德，好讓我們學習。最輕微的跡
象，最輕微的感覺為這忠信的僕人就已足夠，他的內心因
來自天主少許的恩寵而振奮，若瑟恆常地渴望彰顯祂的意
旨。

這種順服似乎更為美好，更為崇高，因為他總是站在
守望塔上，亮着燈等待他主人的到來。

若瑟得知他可以重返回巴力斯坦時——因為那裏不再
有危險——他充滿喜樂。他慈愛地注視着嬰孩耶穌，因為
他一直因害怕失去了祂而恐慌。

當瑪利亞和若瑟得知無辜嬰孩被屠殺的消息時，他們傷心欲絕。此外，他們也聽到那可怕的疾病——渭瘍——嚴重地腐蝕那屠殺嬰孩的殺人犯黑落德，和宮中流傳黑落德那令人毛骨悚然的病情。據說，他死前滿身被蛆蟲嚙食。他曾試圖自殺，但被人阻止了。似乎這是因他的罪孽而被判要在世上承受懲罰。他最後一次不人道的作為是下令把他的兒子安提帕特（Antipas）處死！

一想到可以回返家鄉，若瑟雖心感興奮，但亦不無焦慮；因為除了告訴他可以回鄉外，天使什麼也沒有明言。他不禁仔細地思量：他應該返回那座城去？他的居所、工作坊是否仍保持完好？當人們問到為何良久不見到他及他何以離開時，他應如何作答？

他一如既往地切願承行天主的意旨，若瑟趕忙收拾停行裝，為離開作好準備。他要離開埃及，那兒崇拜邪神的氣氛使他所受的苦楚更甚於他及家人生活匱乏的狀況。

傳統告訴我們，他們回鄉時選擇了沿海的路線，這條路比較短而且方便。他們甚至以在埃及的海港，如亞歷山大里亞乘船——這是科普替（Coptic）的傳說。

在這四或五天的旅程中，若瑟意識到他所肩負的責任。他留意在旅途中所遇到的人的說話，並向他們探詢自己家鄉的情況。旅客在阿市刻隆（Ascalon）或約培（Joppa）下船。若瑟原先打算在白冷定居，因那是先知預言所指的地方，故認為那是天主的旨意。或者他早已盤算過在那裏比在納匝肋較為容易找到工作，就如按照今日的情況來說，不少僱主都往白冷尋找些短期勞工。

在到達邊境時，他尚未立定主意，在那兒他得知阿爾赫勞(Archelaus)作了猶太王。這一消息使他害怕進入這省份，阿爾赫勞的所作所為和他的父親黑落德一樣，他剛剛在聖殿外圍殘殺了三千人。

若瑟認為加里肋亞是個較為安全的避難所。那是黑落德·安提帕(Herod Antipas)的領地，他似乎決意以公義和寬仁治國。再次有另一個夢來證實若瑟的選擇。雖然先知米該亞曾預言白冷是所選城市之一，但另一個神諭則點出了納匝肋。

為免瑪利亞過於疲勞，他們現在的行程速度較為減緩，並縮短每天的路程，不像早前那樣急速趕路。在抵達納匝肋時，這小家庭受到當地親朋好友的熱烈歡迎，他們固然很想知道這家人的一切——他們為何要倉卒離去？他們去了那裏？諸如此類的問題。他們盡最大可能答覆，不加多，也不減少。

他們的舊房屋已經相當殘破，必得修理。他們也不浪費時間去怪責那些趁他們不在時，毫不客氣地擅自取去屋內物品的人。畢竟，這個地方看似被屋主所遺棄的，因此沒有任何人應受責備。

若瑟立刻把一切收拾妥當。他填補牆上的縫隙，並將牆壁粉刷一遍。他又得尋回昔日的顧客。他一步一步地把家園恢復舊觀，工作間裝滿工具，院子裏堆滿木板。在門的上方，懸掛着一個大招牌——「木匠若瑟」，他又重新開業了。

20

他們發現祂在聖殿裏

他們回去的時候，孩童耶穌卻留在耶路撒冷，
他的父母並未發覺

（路 2:43）

猶太法律規定所有以色列民必須在每年三個大節日上耶路撒冷聖殿朝聖：逾越節、五旬節和帳棚節。

離開耶路撒冷比較遙遠的人——例如納匝肋人——祇需每年朝聖一次。沒有明文規定婦女必須前往，但按習俗她們大多會陪同丈夫一起前往。顯然，若瑟和瑪利亞必是虔誠守法的。

現在，耶穌已是十二歲，是遵守法律成為「法律之子」的時候了。祂隨同父母一起到耶路撒冷去。他們加入朝聖隊伍，路上唱著慣常唱的聖歌：像「登聖殿歌」及聖詠——天主，我的靈魂渴慕你，真好像牝鹿渴慕溪水。此外還有採自聖詠中的精句：依賴上主的人有如熙雍山，屹立不動；看，兄弟們同居共處，多麼快樂，多麼幸福！

聖家在耶路撒冷停留了整整一個星期：瑪利亞——我們稱頌她為普世教會之母；若瑟——日後教會的主保；耶穌——永恆的天主，教會的元首。現在他們不表明自己的身分，不享受任何特權，只擁擠在人群當中，在聖殿內祇佔了最不顯眼的位置，和其他人一同參與宗教儀式。

　　節日慶期過後，朝聖隊伍的成員在指定地點集合。按東方民族的習俗，在經過狂喜的、熱鬧的、愉快的慶典之後，一切歸於平靜，人們便踏上歸程。

　　過了一天路程，朝聖隊在黃昏時分聚集在一起。若瑟和瑪利亞會面時，才驚駭地發現不見了耶穌。他們遲遲才發覺耶穌失了踪是不足為怪的。因為祂已經十二歲，成了「法律之子」，有某些行動的自由。若是他們過分照顧呵護祂，會被認為把祂管束得太過分。耶穌可自由加入男人或女人的朝聖隊伍。若瑟在自己的隊伍中不見到祂，以為祂與瑪利亞一起而感到欣喜。瑪利亞卻十分肯定祂與若瑟在一起，並認為祂會給父親帶來喜樂。或許在朝聖隊伍出發前，耶穌對母親說過祂要和祂的「父親」在一起，而瑪利亞卻沒有意識到祂是指哪位「父親」。

　　他們二人心情沉重，充滿悲哀、焦慮，腦海中浮現出千百種揣測。祂迷路了嗎？被壞人捉去了？還是為了執行祂的奧秘使命而離開了他們？西默盎的預言利劍穿透母心的時刻已經到來了嗎？

　　也許在他們周圍的人正在說着挖苦他們的話：「如果他們小心的照顧孩子，就不會失去了他……」

　　他們立即循着回程的路返回耶路撒冷，一路上默默無語，悲傷重壓在心頭，若瑟的痛苦和瑪利亞的一般深切。在樂園中，亞當責怪天主，而厄娃則責怪那條蛇；可是現在，二人只是自責而寬恕對方，二人都不想讓對方受屈，或是要對方為這震天駭地的考驗負責。

若瑟懷疑是不是天主因為他有負所托而懲罰他。他告訴瑪利亞一定是這樣。可是她卻說：「不是的，不是這樣的；看顧祂是我的本分。」

返回耶路撒冷後，他們走遍大街小巷。三天了，城裏到處都找遍了。這是十字苦路的象徵，他們的兒子將要背着真正的十字架行走的苦路。

他們向所有遇到的人探問耶穌的下落，將耶穌的容貌描述一番。但是沒有一個人說曾見過他，也不知道有關他的任何消息。若是他們遠遠見到一個身材和耶穌差不多的孩子，他們便立刻趕快追上他，結果，又是一次失望。

第三天，他們終於找到了耶穌。祂正在聖殿大堂內，坐在經師中間。依照猶太習俗，經師在逾越節期間組織神學討論大會，在那裏各人展示自己的高深學識，互相辯論，討論不少精湛的問題。耶穌好像學童般，坐在長老們中間，接受他們的考問，他們對祂的智慧和答覆大為驚奇。

一見到耶穌，瑪利亞和若瑟無法壓抑他們的驚訝，這是耶穌第一次把祂「自有的」知識展現出來。直到這時，耶穌證明他自己具備了各種孝順的德行，祂怎麼會離開他們的權限，任由父母受那麼殘酷的痛苦呢？祂怎麼可以如此對待他們呢？

他們知道必須對祂說些甚麼的，但若瑟覺得瑪利亞在這情況下有更大的干預權，因為她在降生的奧跡中佔着較重要的地位。

　　從她口中吐露出一份母親心深處的感受：孩子，為甚麼祢這樣對待我們？看，祢的父親和我，一直痛苦的找祢。多麼慈愛的責備！同時帶着一種意願──渴望瞭解祂為何有這一反常的行為，祂一向尊重、關懷他倆。

　　耶穌沒有意圖為自己辯護或是請求他們的寬宥，祇是在祂母親無權詢問的事上作出回應：你們為甚麼尋找我？你們不知道我必須在我父親那裏嗎？

　　耶穌的回答並不嚴苛，祂是帶着微笑作出的。這答覆有兩重意義：祂並沒有責備他們四處尋找祂，祇是奇怪他們為甚麼不立即到聖殿去，祂必會留在那裏，因為那是祂天父的居所。若說祂的答案只得一種解釋，會讓我們失掉它更深更崇高的意義。

　　耶穌不再是一個小孩子了，祂要提醒祂的父母祂天主子的身分和超然的使命。祂向他們解釋，祂對他們的服從必須放在祂對天主父的服從之下。他們必須瞭解，不論祂一生發生什麼事，得絕對符合天父要祂降世的意旨。結果，很多令他們驚訝的事情必定會發生。祂希望預先提醒他們，好讓他們作好準備來迎接日後「救贖」所引起的流言蜚語。

　　在回返納匝肋之前，耶穌將自己封閉在靜默中，聖史用幾個字作出總結：［祂］屬他們管轄。祂對我們說：不要在地上稱人為你們的父，因為你們的父只有一位，就是天上的父。祂希望我們深深的體會到，我們的主要職責就是像祂那樣，先該尋求天主的國和它的義德。

祂的話並不表示祂要拋掉對雙親的順從——祂對他們的愛以及服從是沒有人能與祂相比的——既然天主立下了莊嚴的規誡要世人孝敬父母，祂便以自己的榜樣作指示，這誡命應在怎樣嚴肅下付諸實行。同時，祂也提醒我們，我們的服從應有等級的——首先是服從天主，其次才是一切合法的愛和服務。

聖史告訴我們，瑪利亞和若瑟都不大明白耶穌的話語。當然，他們把握到最明顯的含意，但他們問自己，為甚麼耶穌在此之前從沒有顯示過祂天主性的任何跡象，而要在這單一而又神秘的情況這樣做呢？他們不理解的是，他們這個還幼小的孩子，竟突然打破了祂聽命和順服的習慣，在這時刻宣佈自己是天主子，似乎不再容忍祂雙親的權威。

他們謙遜地承認不能完全掌握到祂話語的意義。事實上，要是能夠確實地做到這點，意味着他們不僅能夠理解降生的奧跡，還可以明白三位一體的奧秘。

如同所有受造物一般，若瑟和瑪利亞也受制於漸進律的支配。耶穌選擇激發他們對宗教的好奇心，並指出進入那條祂要給那些願意成為祂門徒的途徑：*你們求，必要給你們；你們找，必要找着；你們敲，必要給你們開。*

21

若瑟的父職

聖路加對給若瑟「父親」這稱謂似乎很滿意，並特意將若瑟和瑪利亞聯結在同一名稱之下，拉丁文是 *parentes ejus*，祂的父母。聖路加是瑪利亞的摯友，他比任何人對默西亞出生的事蹟清楚得多，他自然知道若瑟並不是祂生身之父，蘇亞雷斯（Suarez）說他一定獲得天主特別的默啟才會使用「父親」這個稱號。

聖路加所用的這個名詞，常常從瑪利亞口道出。當她在聖殿找到耶穌時，她說：「孩子，為甚麼祢這樣對待我們？看，祢的父親和我，一直痛苦的找祢。」此外，在提到她的丈夫時，她用了「父親」這名稱。無可置疑，那是他們在納匝肋家中私下慣用的稱呼，而她，「極智之貞女」，毫不遲疑的公開在眾法學士前用這一稱謂。

她清晰地獲得降生奧秘的光照，故此她認為在這莊嚴的場合中，不應隱藏這一真理，誠心的稱他為「耶穌的父親」。

深入的觀察這事，從而研究這名稱所蘊含的真實意義是很重要的。

一般來說，「父親的身分」有兩種意義：自然的，即生命的傳遞及新生命的誕生；另一種是藉着收養，一個簡單的方式或程序，在法律上承認那名由另一人生產的嬰孩是自己的兒子。

可是，於聖若瑟而言，這兩種情況絕對不適用。第一項關聯太多，第二項則太少。從歷史上或神學上，按照自然及普通世代相傳的生育的模式，若瑟肯定不是耶穌的父親，因為，從人性上來說，耶穌是沒有父親的。

若瑟是否祇是耶穌的養父，或是「推定的」父親？按照 3 月 19 日的聖若瑟瞻禮的序經：「讓我們恭敬基督、天主之子，祂願意在世上成為若瑟之子。」「若瑟之子」是歷代教宗在許多官方文件上所用的同一稱號。

神學家愈來愈多傾向於同心一致的宣稱：「推定的父親」、「養父」等名稱，在意義上實在是過於局限，祇點出了部分的真理。這些名銜，儘管是尊榮的，卻祇表達出零星的、假想的、借用的父親身分──監護人而已。

現實遠超乎這一切資格。以「收養」為例，是以一個陌生者為前提，這人揀選了一名小孩，視他為自己的孩子。

耶穌對若瑟而言，從來都不是一個陌生人。從祂在瑪利亞胎中成人的那一刻起，是合法而又神聖的成果，祂同時是屬於若瑟的了，因為根據天主所立的法律，丈夫和妻子是成為一體的，二人的財產應共同擁有。

要準確地指出若瑟的父性資格並不容易，若是要解釋它，只可以說，它在歷史上完全是獨一無二的；如此特殊，如此獨創，以致需要新的詞彙才能適當地把它的特性表達出來。

要記得，按聖史所載，耶穌的人性族譜是若瑟的族譜。這是應該強調的事實。用鮑素艾借用金口聖若望的說法：「天主賜與若瑟一個父親所應該擁有的，但沒有失去他的童貞。」意思是若瑟在耶穌的自然孕育上沒有參與，但是，他的父親身分包括了一個父親通常在家中享有的所有的權利和責任，因此最適合若瑟的名銜就是他是耶穌的「貞潔的父親」[1]。

他是耶穌的父親，是因為他和瑪利亞的婚姻。因為在法律下由天主所准許的婚姻契約，使瑪利亞成為若瑟的產業。因此，婚約之後瑪利亞所得的一切，即使是奇跡性質的，都同時成了若瑟的所有。此外，耶穌藉着若瑟妻子的血肉而誕生，藉着婚配這神聖的餽贈，祂也是屬於若瑟的，若瑟必需與瑪利亞做她胎兒的雙親。

除此之外，天主在複雜的安排下使他不可或缺，使降生的奧秘可隱藏在一個具有普通三重關係的家庭的懷抱中。這使到將要誕生的孩子的一家之長的地位絕不能被取締。

---

[1] 大會(Congress)於 1955 年 8 月 1 至 9 日，在加拿大蒙特利爾(Montreal)皇家山岡(Mount Royal)的聖若瑟小堂(St. Joseph Oratory)舉行。會中把比較傳統的「公認的父親」(putative father)、養父(foster father)等棄置不用，毫不猶豫的，在教宗聖庇護十世所批准的經文中，採用了「貞潔的父親」(virginal father)。

　　若以上所述有負面的暗示，那若瑟在耶穌誕生上所扮演的積極角色必須肯定的指明：那「人而天主者」是瑪利亞童貞的胎兒。她的貞潔是那樣的取悅天主，使得天主聖神在她身上完成祂的神聖工程。在某程度上，正是她的童貞讓她結出果實。而若瑟尊重那童貞，作好準備，讓聖神在她身上完成祂的工程。他敬重那童貞，這是天主視為必要的。他倆均同意，將童貞獻給天主作為蒙受悅納的禮品。而二人所獲得的回饋，就是一個兒子——他們童貞結合的果實。

　　固然，若瑟並沒有把他的血給這名兒子。然而，耶穌的血必須得到滋養、補充、營養。就是這位謙卑的木匠，靠他的辛勤勞動，來完成這項任務。

　　耶穌依靠若瑟辛苦賺取得來的食糧。祂靠著這食糧得以成長；也就是這些食糧的力量，使祂能在十字架上展開雙臂拯救世界。藉着若瑟辛勞賺取的血汗錢得以購買食物，使耶穌的血管內充滿祂的「寶血」，在加爾瓦略山上流至最後一滴，以拯救世界，以及在彌撒聖祭中作為祭品，直到世界窮盡。於此，藉着耶穌的寶血，若瑟在世界的救贖上，佔有積極的一分。

　　稱耶穌為他自己的兒子，以及待祂如己出，是若瑟的權利。教父們從不遲疑地把這種與耶穌的親近距離，比擬成：「天主聖父的影子」；就像柯里亞神父（Father Olier）所說：「他像似永生之父的聖事一般，在他的影子下，天主讓祂的聖言降生於瑪利亞。」

　　又由於耶穌真正的父親，那按耶穌的天主性，從永恆中生了耶穌的那位，把耶穌託付給若瑟照護，在某程度上賦予了他自己（天父）對其聖子無限的愛。

天使對若瑟說：**你要給他起名叫耶穌**。換句話說：「這孩子除了天主之外，沒有父親；可是對你，天主傳給了祂自己的權柄，你要作祂的父親。你要給祂真正父親的愛，而你也要在祂身上行使父親所有的權力。」

於是，若瑟愛耶穌如他自己的兒子一樣，同時也尊敬祂為他的天主。而他眼前時常出現的景象，就是天主以無限的愛去愛世界。這激發他更日益增加對其子的愛，並更慷慨地侍奉祂。

若瑟愛耶穌，就像祂是自己親生的一樣。他愛祂如天主在他可憐的一生中賜給他一份珍貴的寶藏。他對天主全心全意、毫無保留的、完全地奉獻他的力量，他的照護，他的時間。他的每一思緒都是為祂的，全不期求獲報答，只求每天能夠使他的奉獻更為圓滿。他的愛是堅強而溫柔的、平和而熾熱的、平靜而熱切的、節制而又真切的。

我們可以想像若瑟抱著嬰孩耶穌，搖晃著搖籃，為祂唱著催眠曲；他對祂深情地微笑；他帶祂去散步，給祂做玩具。像其他父親一般，他與他的幼兒一起玩耍。他給祂慷慨的憐愛，實在是柔情和敬拜的表示。

偽經的作者們喜於將嬰孩耶穌寫成為神童，一個奇跡的製造者，一位以光耀雲彩環繞着，在世上行走的人。這一切都不是真的。那位「人而天主者」選擇了像祂年紀相若、普通小孩的行徑和生活。天主聖言也像其他孩子一樣地說話，並在一切事上與他們相似。

若瑟關懷和溫馨地擁抱祂，祂睡覺時他思念着那保護以色列者；看着祂哭泣時，他看到喜愛的所選者，看着祂天真迷人的幼稚表現，出現在宇宙的創造者身上。

按照猶太人的習俗，家族中的男孩由母親照顧直到五歲；隨後父親積極地撫養孩子，教給他天主的法律和梅瑟誡律。

若瑟負起這些父職時，看到兒子在智慧和身量上，並在天主和人前的恩愛上，漸漸地增長。他是何等的喜樂！

他心中靜靜的對上主湧現《雅歌》的話語，述說他的喜樂和感激之情：

我的愛人，皎潔紅潤，超越萬人……
他滿面香甜，全然可愛。
我屬於我的愛人，我的愛人屬於我。

22

納匝肋之家

祂就同他們下去，來到納匝肋，
屬他們管轄（路 2:51）

在聖殿內找到耶穌時，瑪利亞喊了出來：孩子，為甚麼祢這樣對待我們？她把若瑟和自己連在一起。而且，她好像害怕孩子不意識到並非自己單獨一人為愛祂而受苦，她強調：看，祢的父親和我，一直痛苦的找祢。

耶穌回答說：你們不知道我必須在我父親那裏嗎？。耶穌並沒有否認若瑟是「他的父親」，而是要把他們的思想導向祂的「永恆天父」，其他所有人都得服從祂的旨意。這是耶穌第一次那麼清晰的提及祂的天父。

不論是瑪利亞或是若瑟都不再提問了，儘管他們並不完全理解祂這話的意思，但是他們把祂的話默存在心中，若瑟更仔細思量。他理會到在這刻，就像電光一閃，這孩子的超越性顯露了出來。

或許他覺得他比瑪利亞更需要去探究耶穌這答案的含義。這話似乎使這可憐木匠的地位降低，以彰顯那「另一位父親」。

霎時間，他覺得自己可能與兒子過分親暱。他領會到耶穌是那麼真實地、那麼無限地屬於祂在天之父的。然而那些強調他們之間距離的措辭，卻被兒子的順服完全顛倒了。在聖殿找到耶穌揭露了若瑟的奧秘，就如日後加納婚筵闡明聖母的奧秘一樣。

緊接着耶穌表面上的拒絕：**女人，這於我和你有什麼關係？我的時刻尚未來到**，是第一個大奇跡。似乎祂先前拒絕了她的要求，能讓她祈禱的成果更有光采。同樣，那些似乎令若瑟被置一旁，視他毫無價值的言詞，祇不外使稍後聖史的陳述更為絕妙——**屬他們管轄**。

耶穌首先顯示自己是那些經師的主人。祂確定了祂是天主子的身分，以及自己的主權，不外更鮮明地彰顯祂的順服，好成為我們的榜樣。祂要盡善盡美地履行祂的本分，尤其是對若瑟——一家之主——的服從。祂的行為、工作與及起居飲食，一切都按照若瑟所要求的。

「這都是祂天父的事情」，祂順從雙親以光榮祂的天父；祂服從祂的母親，完全順服於「在天之父的影子」，整個小家庭之首的那一位。

若耶穌的的順服表示出祂無可比擬的謙遜，那也可以強調祂所服從於那位的尊貴。

耶穌的話語在若瑟腦海中閃耀，顯示出他如何能夠把日常生活融入天主的計劃中。耶穌和他自己之間的知識，雖蘊藏着無窮的奧妙，卻沒有癱瘓了若瑟的思想或行為。反之，它幫助他直截了當地履行了有關這孩子的使命，這孩子在人性內是他的兒子、以其天主性，是他的上主。他

的使命是調協這些明顯的對立面，好能在不受約束下指揮
他所崇敬的天主。

事實上，他，毫無恐慌，毫無困難，很簡單的便能做
到。那是天主的旨意——這已經足夠了。天主的旨意就是
要他（若瑟）行使他的權威，這樣，他就是服從了天主。

若是他單單依靠自己的信德，他可能會像聖伯多祿那
樣喊道：不，祢永遠不可給我洗腳！然而，信德使他緘默
地接受了耶穌慷慨地給他的一切：服務、愛與尊敬。另一
方面，耶穌圓滿的順從表樣，對若瑟來說，是無窮盡的謙
卑之源。

天主委派若瑟去教育降生的聖言——這是令人震驚但
真實的說法。耶穌有兩個本性，簡單而又圓滿地結合起
來。祂既是天主，自受孕的開始，祂的智慧與知識已是圓
滿。然而身為人（僅以自然角度考慮），祂像其他孩童一樣
被發展的法則所支配，必須被人們教他去學習及聆聽人們
解釋的一切。

基督的一生必須把祂的「天主性的智慧」隱藏起來。
祂的外在舉止和祂同齡的孩子無異，祂必須學習走路、說
話、閱讀、一字一字的重覆經上的著名篇章，研習大自然
及奇妙的創造。這些都是瑪利亞和若瑟的共同使命。

若瑟首先以自己的榜樣教導耶穌。每個孩子都有一種
與生俱來的傾向，一種本能的需要，從他周圍的人身上看
到應該做什麼，並模仿他們所看到的東西。瑪利亞和若瑟
的儀容均是耶穌所仰慕的第一面完美的鏡子。祂首先觀察

瑪利亞的舉止、行為、言語態度，隨後就是其父的。耶穌尊重其父，祇看這虔誠的人，他的斂心默禱便給人上了一課。

[祂]屬他們管轄。除了完全依賴他們外，祂甚麼也沒有做。祂總是向他們表示服從和尊敬。祂預見到他們的需求，並全心全意地迅速為他們服務。祂完全自然的聽命有時會令人不安。從來沒有任何孩子像祂那般願意聽從父親的忠告及回答他的問題。祂對若瑟的尊敬是虔敬的、孝愛的，因為在他身上祂看到了祂天父的形象。

若瑟教導祂一位父親應該教給自己兒子的一切。若瑟的人性特質深深地植根於這個男孩身上，以至後來「人子」這名銜為祂最為貼切。

另一方面，若瑟也給祂解釋法律，引領祂參與禮儀，教他民族的諺語，其子民的歷史和傳統。是他教祂祈禱，因為在以色列，這是父親的義務。若瑟一遍又一遍地和他的兒子一同誦念經上傑出的詩篇：

> 上主我們的天主，是唯一的天主。
> 你當全心、全靈、全力，愛上主你的天主。

> 「你的國度及其命運屬於上主，
> 帶領我們出離埃及之地者，
> 就是上主我們天主，
> 祂就是我們真神。」

耶穌認真地聆聽若瑟的話。每天早晚祂聯同若瑟和瑪利亞一起──瑪利亞因是婦女，按猶太人的習俗絕不容許婦女領唸家庭禱文——誦唸所有虔誠的以色列人都懂得的信經（舍瑪）。

像其他所有的家庭一樣，他們的門框上掛着一個經匣，內裏放有一塊寫有經文的羊皮紙。若瑟每次離開屋子時必以手觸匣，有若今天蘸聖水的手勢，再口親手指。若是抱着耶穌時，他會教祂作出同樣的動作。

安息日，也是若瑟一大清早把耶穌帶到會堂。進入會堂時，頭上披着祈禱披肩，足踏涼鞋。他們靜聽讀經以及法律評釋，又在答唱禱文時行慣常的跪伏禮。

下午，在會堂服務後，他們會探訪病患、長者、困苦者、窮人，以及一切日後耶穌在「山中聖訓」中所提及的人。之後，他們會走一段所謂「安息日路程」，這是法律規定的一段短短的路程。

在瑪利亞和耶穌的陪伴下，若瑟選擇沿著銀蓮花盛開的偏僻小徑漫步。夫婦二人喚起小孩留意自然之美，以及天主所創造的美妙工程。他們指出無花果如何在春天時結實，葡萄樹應怎樣栽種才可結出最優質的葡萄。他們又激起祂對動物的興趣：流浪的小羊和在空中盤旋突然俯衝直下攫捉獵物的兀鷹等。他們指出建築在堅硬磐石上可屹立不搖的房屋，由於工人的怠惰而荒蕪的田野；不需人播種也不用人收割，祇為光榮天主而盛開的田間百合花。他們又解釋為甚麼不同的植物需要不同的土壤；教祂怎樣辨認稗子和莠子，它們怎樣把麥子窒息；教祂怎樣仰望天空，偵測天氣變化的徵兆和跡象。祂首先從他們那裏學到的是：到了晚上，你們說：天色發紅，必要放晴。早上，天色又紅又黑，你們說：今日必有風雨（瑪 16:2-3）。又或幾時你們看見雲彩由西方升起，立刻就說：要下大雨了；果然是這樣。幾時南風吹來，就說：天要熱了；果然是這樣（路 12:54-55）。

多年後，耶穌就是用這一切來強調他希望向世人留下的教訓。我們可以思忖當祂聆聽若瑟這些話語時，祂在想着甚麼呢？當我們讀福音的比喻時，可記得那些就是耶穌在童年時得自若瑟的教導，從這些事物中發現新知識。

23

若瑟給耶穌的教導

日子一天一天的過去，瑪利亞為了家務職責，得離家一段短暫的時間，把幼童交給若瑟照料，直到她回家為止。若瑟一面工作，一面看着孩童把玩木屑、或是那些掉在地上金黃色的刨花。他完全陶醉了。

時光飛逝，耶穌得上學受教於「辣比」，和其他孩子一起一邊用手指指着羊皮卷上的字一邊重覆朗誦讀法律的經文。一天的工作完畢，若瑟回到家時，會把孩子放在膝上，在暗淡的燈光下，叫祂重溫在學校學到的一切，並幫忙祂準備第二天的課堂。

耶穌日漸長大，在幫忙母親處理家務幾年之後，祂得接受聖若瑟的監護。自此以後，祂大部分時間在工場裏度過。

起初，祂留意父親的工作，祂一度從事細小的差事，而若瑟也信任祂，把簡單的任務交託給他：「請你把鎚子遞給我。」或「掃掉地上的木屑，把它交給媽媽。」有一幅古老的木刻畫，畫了若瑟在黃昏時分，在工作台上劃出構思，孩童耶穌提着油燈站在一旁，使光線落在桌子上。

那一天終於來到，若瑟讓祂自己使用工具，並指示祂怎樣才是最好的運用方法，他的大手握着祂的小手，細心地指引這小學徒。

在若瑟的引領下，祂，這宇宙的創造者，有若遊戲一般學會了鋸木板，把各部分鑲起來，把它刨得光滑。這些工作經驗讓祂懂得如何製作軛，因而日後祂說：**你們背起我的軛，跟我學罷！**

耶穌做任何一件事情前，都會徵取若瑟的建議。世界上從沒有一名學徒如此細心的聆聽，如此順從師傅的。

沒有人會認為從祂手製出來的第一件物品是完美的。造物主降生成人後，首先把祂自己置於一名受造物的教導之下。總之，祂非常迅速地領悟到工作上細微之處，並掌握了一切必須的技巧。祂強壯而年青的手擅於處理繁複的工序。他知道只需要用斧頭砍多少下來塑造一個軛；如何鋸出方塊木頭。他輕鬆地運用切割工具和大錘；他熟練地操作麻繩來旋轉曲柄以轉動鑽頭。

沒多久，當祂問若瑟：「父親，我應該如何開始這項工作？」若瑟會回答說：「用祢認為最好的方法去做吧！我沒有甚麼可教祢的了。在工作上，祢比我更強！」

此後，他們從早到晚並肩工作。破曉時分，一進入工作坊便打開窗子，讓陽光灑遍全地。到處都有木材的香氣。工作台放在工作坊中央，工具都整齊的掛在牆上。木屑、刨花都掃成一堆，放在屋角，晚上拿給瑪利亞。

他們穿上皮圍裙準備工作。我們在聖堂看到石像的披風是相當笨重的，並不是在工作時穿着的。他們繼續早一天未完成的工作，或開始全新的工作。

若瑟的工作坊像昔日其他的工作坊一樣，成功地打造出一件木器並不是取決於今天的電器工具，而是人手做成的。若一位現代木匠能夠去探訪納匝肋的工場，會望着那些原始的設置和古老的工具傻笑。

他們的手是結實而又粗糙的，長滿粗繭，有時他們被鋒利的工具割傷。克勞狄（Claudel）說：「若瑟的手指往往被繃帶綑住，就像那些從事木工的人一樣。」在那種情況下，我們肯定瑪利亞就是那包紮傷口的護士了。

他們一直在枯燥乏味的鋸木聲中、以及槌子斷斷續續的聲響中無休止地工作。那些木屑及刨花到處飛揚。他們用衣袖來拭去額上連串的汗珠。

他們一同將車子上的橫軸釘牢，小心翼翼地去量度木板的直線或做一道窗櫺，準確地配合窗框。每一件事都是按照他們在會堂中祈禱的精神來完成的。

大部分時間他們工作時都保持沉默，有時候或許吟誦一首聖詠，又或吟唱一些詩句。這不是最早誦唱大日課經文的歌詠團嗎？

那時的勞動者並沒有限定每天工作八小時或少於它的，總之在工作完成後才關門。克勞狄又寫道：「他們的商店就像所有木匠的商店一樣，都是鎮內小孩子們最喜愛之處。」他們在那兒玩耍，肯定不會被趕走，因為祂說：

讓小孩子們到我跟前來，不要阻止他們！

　　路人也會很高興走進來，他們總會嘮嘮叨叨的傾訴他們的苦況、談論時代的弊端等等。他們給這兩名木匠帶來最新的消息，如村內和鄉村周遭的新聞或政治局勢等。耶穌和若瑟一面工作，一面聆聽，絲毫沒有失去他們內心的寧靜。若瑟讓耶穌與他們交談，祂的話語充滿智慧，激發他們用心思考。這位年青的學徒表現出祂是個忠誠的守法者，有着創新、令人震驚的見解，改變了不少人的狹窄觀念。

　　至於那些顧客，儘管他們不得不承認對他們的手藝十分滿意，但他們總會不停地討價還價，這是東方民族的普遍習慣。他們又會推遲付款，然而若瑟沒有忘記自己有供養家庭的責任，表現堅定。他祇要求所應得的：「我的取價既正確而又公道，我們得熱愛公義啊！」

　　當那些人取去那些木柜、箱子、車輪之時，他們肯定不會想到那做出這些東西的人，就是創造穹蒼的那位。要擁有一些耶穌製成的器具，我們有甚麼不願意付出的呢！固然，我們確實有些更好的東西：那個在某天祂在上面張開雙臂，以完成祂最偉大的工程的十字架；為了這一目的，其他的一切不外只是準備工作。

　　有時甚至在日落之後，耶穌和若瑟得繼續工作——有時直至深夜才能完成一些特別的工作。在這情況下，瑪利亞的身影會在門口出現。她首先讚賞他們使用香柏木或無花果木所做的漂亮傢具。隨後，她會告訴他們晚餐已準備好了，熱騰騰的湯已放在桌子上。他們試圖解釋為何不準時：如他們答應了在下一天完成這工作等等。然後他們進入屋內，雖然累得要命，但很高興一家相聚。他們整天工作，使用工具後，手臂累得僵硬浮腫，又因在工作台上工作時要彎腰，腰背也都疼痛了；然而，如今與瑪利亞共享家庭之樂，這一切都不算甚麼。

有時候他們不需要到工作坊內，他們要到樹林去採伐一些他們已購買了的林木。他們選擇好一棵樹後，把樹枝砍下，把樹幹砍倒，鋸成不同的木料。在東方，只有最可憐的窮人才沒有驢子。若瑟必需擁有一頭驢子來幫助他，牠要把砍下的木材拖回工作坊去。

有時候，他們得去不同的地方工作。他們一大清早便要到指定的家庭去，可能要鋪地板、修補沉重的箱櫃、安裝新窗框或一扇門；他們通常在靜默中前後相隨前行；把工具袋掛在肩膊上，手提着瑪利亞為他們準備好的午餐。

看來若瑟可能擁有一小片土地。在一份埃及文獻中提到某一位名叫巴維地斯(Pavetis)的木匠，向人租用了一塊地——今天所謂的租用地段——上耕耘。所以當耶穌日後談到播種和收割時節、好地、石頭地、小麥和莠子、不結果的無花果樹、葡萄園僱工人的工資、母鷄與小鷄、惡園戶、犁地、田裏的百合花等等，都是按祂的經驗，自己的所見所聞，在祂家擁有的田地上親自體會到的。

若是沒有顧客需要木匠幫忙時，耶穌和若瑟有可能到離納匝肋不遠，在革乃撒勒湖南岸的一個名叫亞勒尼(Aricne)的小鎮去，在那兒的漁市場去幫忙包裝和釘裝存鹹魚的木箱或木桶。

　　肯定的是：他們不僅從事一種行業，而是從事多方面的工作。伯納神父（Fr. Bernard）在他的著作 *Le Mystère de Jésus*（耶穌的奧秘）談到：「鄉村或小鎮的工匠們與周圍的農民保持着緊密的聯繫。他們通常不會只把時間和精力全部花在自己從事的行業上，也不以自身為某工作的專家自居；卻在急需和豐收時，不論在田野上、葡萄園或橄欖園中，都願意去給農人或葡萄園主人提供幫助[1]。」

　　耶穌不能夠避開那些祂降世救贖的人，祂藉着自己為他們服務樹立了表樣。祂就是在某一天對人說了慈善的撒瑪黎雅人的比喻的那位。也是祂在去世前幾天留給我們祂的遺言說：我給你們一條新命令：你們該彼此相愛；如同我愛了你們，你們也該照樣彼此相愛。

---

[1]　Vol. 1, p. 227（Mulhouse: Editions Salvator）.

24

耶穌給若瑟施教

耶穌在智慧和身量上，並在天主和
人前的恩愛上，漸漸地增長

（路 2:52）

納匝肋的工場是白冷的延續，也是加爾瓦略山的準
備。它們都讓我們上了同樣不可思議的一課；或更好說，
後者使前者臻於完備。白冷教導我們放棄和捨棄的需要；
而納匝肋教導的是工作的尊嚴，是聖化和救贖的方法。

有關天主來到世上，成為勞動工人，藉以選取最低下
的作為的宣講，實在重複得太多，亦太馬虎了。這說法不
甚確實而又令人遺憾的。反過來說，祂降臨人間，是為教
我們運用雙手和我們的體力去完成低下的工作，在祂眼中
是如此的神聖，以致祂並不認為這樣會有損祂作為天主的
尊嚴。

藉着成為勞動階層的一分子，耶穌和若瑟把勞動工作
聖化了。

他們的工作坊從外表看來和其他的沒有兩樣；可是內
裏兩位工匠「愛」的精神使他們的勞動提升為祭品。從早
到晚他們雙手的活動成了一種禮儀服務，他們把聖化了的
工作奉獻給造物主天主。

為甚麼耶穌要揀選一位以木材為生的人作祂的父親？無可置疑的一個原因就是，在所有受造之物中，木材是最廣泛而又不可或缺的，它被用於我們的救贖上。正如在不同時代教堂用石頭作她的祭台，用水施行聖事，油作膏敷，酒作聖血，麥作聖體。

由於在伊甸樂園被詛咒的那株樹，我們失落了。然而有一樹必要重現，淨化後成為我們的得救工具。白冷的聖嬰被放在一個木製的馬槽中；在哥耳哥達的十字木架成了祂安息之所。懸在十字架上被四顆大鐵釘牢牢釘着，用鮮血和眼淚，祂獻上了自己的生命。

同時，在納匝肋的隱藏生活中，祂懷着愛心刨木、塑造木材。當祂雙手觸摸木塊——橡樹的、香柏樹的或橄欖樹的——來判斷它的質量時，祂的態度成了對這受造物的擁抱，藉着它的協助來救贖世界。

依撒意亞先知曾預言說：**有一嬰孩為我們而誕生了，有一個兒子賜給了我們；他肩上擔着王權。**

置在祂肩膊上的王權，也就是在納匝肋那裏——時時刻刻的——祂放在祂的工作台上的木材。

祂所做成的木器，每天都送離工作坊。有一天祂要發聲說：**誰吃我的肉，並喝我的血，必得永生……這是從天上降下來的食糧。**麥麵餅和葡萄酒日後在祂的教會內得到崇高的榮耀。犁耙深挖土壤，好長出金黃色的麥粒，成了我們的瑪納，而那些紫色的葡萄成熟後要作我們的飲品。

兩名木匠在工作坊內默默地工作。他們沉實不語，因為他們不必用言語去表達相互間的聯繫、和諧。他們看着對方，耶穌欽佩這位祂稱父親的人，祂以歡忻之情注目在他身上。這位義人在祂身旁工作，和祂一起，他的面容發出聖善的光輝。他經常是明智的、有耐性和遠見、無私奉獻的；他的見解超卓而有說服力，他的靈魂把驕傲封閉，他內心的仁愛毫不休止地鼓勵他為別人服務。一遍又一遍的，他以聖神在創世時的話語對自己說：**天主看了祂造的一切，認為樣樣都很好。**（創 1:31）耶穌看到若瑟是天主的傑作。祂感謝天父恩賜這義人的德行和虔誠的光采，他那馴服的靈魂順應恩寵，完全適合他的使命。

在工場內耶穌是學徒，若瑟是師傅。然而這師傅常常指望這學徒，向祂學習。當他看到祂彎着腰工作時，他想起了瑪利亞領報時天使對她說的話：**他將是偉大的，並被稱為至高者的兒子，上主天主要把他祖先達味的御座賜給他。他要為王統治雅各伯家，直到永遠；他的王權沒有終結。**（路 1:32–33）而他看到這位至高者的兒子，竟是個貧窮木匠，在這村中謀生，有點不安。若瑟完全不知道祂在人間要負的使命是甚麼，他猜測祂現在所作的，多多少少與祂日後的工作和天主命他給祂所起的名：「耶穌，救世者」有關。

先知們一向傳佈的主題是同樣的──特別是依撒意亞和匝加利亞兩位先知（依 42:2–4；匝 9:9）。在宣布默西亞來臨時，他們談到這位被雅威（Yahweh）所選的是：溫和、謙遜、良善的；在街上，祂不喧嚷；已壓破的蘆葦，祂不折斷；將熄滅的燈心，祂不吹滅。

　　若瑟並沒有向耶穌談到他對祂沒有讓世人立刻知曉祂而感到的驚訝。時間在流逝，然而和救贖有關的一切似乎一點都沒有發生。若瑟知道，無論怎樣，都是明智而又正義的。他再次屈服於天主的旨意之下。

　　瑪利亞與耶穌一起的時間比若瑟的較長，正如我們將見到的，若瑟可能在耶穌開始公開生活之前已去世了。可是在這期間，若瑟比別人得到更多的恩寵：從早到晚，他和祂親暱地生活在一起。他們一起工作、一起吃飯、睡在同一房間、一同祈禱。

　　就像聖詠作者所詠唱的**植在溪畔的樹，準時結果，枝葉不枯**，若瑟總是活在一切恩寵、一切生命的源頭。他的信德愈來愈堅定，他的愛也愈來愈深。福音以一種親密、持續、具體的方式在他眼前展開。

　　甚至在耶穌出世之前，若瑟對祂的愛——因得到他焦慮的淚水所灌溉——已經是豐盛的。那份愛隨着給祂的一切呵護照顧、為祂所遭受的一切恐懼，祂的困乏，以及在流徙的歲月中，對祂保護周全而增加。如今，耶穌已不再是個小孩子了，不再需要以往的那種照顧；且成了他日常生活的良伴，他只設法使他自己的意願和祂的意願絕對一致。

　　若瑟藉他的所見所聞滋養自己的內修生活。他注意每一件事，把所有事物像珍寶般存在記憶，保存在他的內心處、腦海中。除耶穌以外，他別無他求。

　　他就在那裏，耶穌附近，這就足夠了。在他身上，實現了聖保祿宗徒在斐理伯書的 *Mihi vivere Christus est*——在我看來，生活原是基督。

在基督向若瑟顯示祂自己的方式上，他對天主的順服顯得更為完美。像耶穌自己一樣，他的食糧就是承行天主父的旨意。

25

在納匝肋的「聖三」

原來作證的有三個
（若一 5:7）

　　從每一方面來看，納匝肋完全不是一個著名的地方，祇是一條窮困而又落伍的小村莊。無可否認，它年代久遠，但毫無歷史可言。它是那麼的無關重要，以致成為人人皆知的笑柄：從納匝肋還能出什麼好事嗎？

　　村子座落在一圓形的山坡上，房屋被大麥、小麥田、花園及葡萄園所環繞。它遠離頻繁的大道，旅客不是忽略它，就是藐視它。

　　它的名稱最可靠的來源是 En-Nazira——意即「監護者」，然而，按聖熱羅尼莫的傳統說法，其名稱為「鮮花之城」（City of Flowers）。事實上，它的春日美景，使它看似一束五顏六色的大花球。

　　它陡峭的道路，不外是彎曲的羊腸小徑吧了！當時的許多居室，像今天的一樣，都是從山坡上挖出來的。聖家住的房子，與他們鄰居們的完全相似。屋頂的前部分，由磚石支撐着，然而大部分房子是從石灰岩鑿出來的。全屋祇有兩、三個房間。最大的那一間靠近大門，是飯廳；後面是一條走廊或是有帷幔的空間，可能是通往瑪利亞的房間。洞口前面是被矮牆包圍着的露台，有一道階梯通往戶外。

這樣的居室，沒有什麼豪華或舒適可言。幾張草蓆鋪在堅硬的泥地上。木製傢具是簡樸的，與鄰近人家的一模一樣：捲着的鋪蓋、衣箱、家用器皿、水罐、磨麥粒的小石磨、一、兩張蓋毯和為訪客而設的墊子。

正如克勞狄(Paul Claudel)所說的：這個貧乏的小房子裏，祇有「三個人彼此相愛的人，他們即將改變世界的面貌」。他們是三個，但則充滿着愛，那從不減弱、祇有越來越強烈、越來越堅強、越來越溫馨的愛，使他們結成一體，在某程度上就像似天主聖三——就像聖若望宗徒所寫的：「而這三個是一致的：這三人成為一體」。他們的愛，使他們的靈魂形成一個，讓他們的心成為一顆。他們每一時刻都相互共融。

但在尊嚴方面，他們並不是平等的，而是由天主揀選的尊卑長幼之序，他們也忠誠地遵奉。若瑟完全遵從天主的聖意，瑪利亞順從若瑟，而耶穌則聽從瑪利亞和若瑟。超卓的權威與優越的價值成反比。最卑微的竟成為最有權威的。據福音所定的法規：最後的將成為最先的，最先的將會成為最後的。天主藉此教了我們一課，權力並非特權，而是服務。

若瑟是神聖權威的代表。他知道他自己的尊貴與妻子和兒子的相去甚遠；一想到自己與天主之間的距離，以及與祂最崇高的受造物的距離，他不禁心神顫抖。然而，當時間及情況需要他的權威時，他既不猶疑，也不動搖地行使它。

若瑟既被天主委派作他們的一家之首，瑪利亞和耶穌會毫不猶豫地向他求助。天主通過他對他們說話。他們清楚的知道藉着他的方法，他們可以認識並承行天主的旨意。

然而，在對耶穌有所吩咐時，瑪利亞和若瑟視祂為他們的主人和楷模。他們感覺到祂內的神聖，以致他們能夠強有力地及本能地去效法祂。祂是他們典範的寫照。他們設法在自己身上蓋上祂圓滿成全的印章，就像祂日後所說祂本身刻着天父的印記：**誰看見了我，就是看見了父。**

三人過着隱秘的生活。在同鄉的眼中，他們僅被視作虔誠的、熱心的以色列人，忠信地遵守猶太法律者。他們的舉止成為典範。但他們的虔敬習尚絕不標奇立異或是過分誇張的。從外表看來，沒有一點可以讓人猜測到他們內心的滿溢富足。他們如此完美地保守着天主的秘密，以至最接近他們的人，甚至他們的親戚，從來沒有在耶穌身上認出祂就是降生成人的聖言。

他們安貧樂道，並不夢想尋求任何的特權或是尊重的標記。他們的生活實際上是那麼尋常平淡，以致史籍或聖史均無法提供任何有關於他們隱居於納匝肋的事跡。事實上，似乎這些作者刻意在他們的福音默默傳授他們所學到有關納匝肋聖家生活的一切。

我們或許會受到誘惑，對此作出抱怨：「上主，祢不是告訴我們不要把燈放在斗底下的嗎？祢為甚麼要等這麼長久才顯示祢自己呢？如果祢想把自己隱藏起來，為甚麼祢不讓世界知道一點有關於祢稱作父親和母親的事呢？」

顯示的特定時刻總有一天會來到。這期間，在宣講之前，最好的是先給一個榜樣。在教導：沉默、謙卑自下、捨棄、謙遜之前，耶穌和那些最先耕耘者，必須給近人指出這些德行的含意。世人必須學習最有利的、最有價值的、與福音最密切的，就是毫不張揚地、默默地完成日常的工作。

因此，聖家生活的節奏和他們納匝肋的鄰居的，並沒有甚麼分別。

在《箴言》中描述了有關一名英勇婦女的話：**天還未亮，她已起身，為家人分配食物分施。**瑪利亞也就是這樣。她為耶穌和若瑟做飯、侍奉他們，她甚至擔心他們整天辛勞的工作量。根據傳統，是若瑟祝福食物，擘開麵餅，並喝第一口酒。

隨後，在兩名木匠離家前往工作坊之後，瑪利亞把屋子收拾妥當，打掃房間、磨麥粒、到水井汲水、到市場上買菜。從村子回家後，她會搓麵團、生火烤餅……當她的丈夫和兒子中午回家時，他們的午餐已經準備好了。

日落時分，瑪利亞會站在家門前或是走上一小段路去迎接他們。她告訴他們她十分高興看到他們回家。她充滿慈愛地查看他們堅強而粗壯的手。為了她，這些手因辛勞而變得強壯和結實。

至於父子二人，他們把當天賺來的工資交給她。大抵不會太多，因為他們極具同情心，又忠實，有些顧客可能會濫用他們的仁慈和正直。可是，瑪利亞只一笑置之。她告訴他們，這為他們簡單的需求已經足夠了。她甚至可以減輕一些她熟悉的人的困境，他們中有病患、老人或貧乏者。

然後在傍晚時，他們一起在親暱而又甜蜜中度過。共聚時，各人都為能與自己所愛的人聚在一起而感到快樂，他們舉心向上，團結於感恩和讚頌的祈禱中。

這是瑪利亞和若瑟熱切聆聽耶穌論述宗教的時刻。袖所愛的這兩個人是最先的聆聽者，聆聽的就是聖史們將記錄下來傳揚普世的好消息。

天色漸晚，他們要準備休息了，瑪利亞和若瑟會用幾乎與厄瑪烏二徒相同的話語，彼此說：當他……給我們講解聖經的時候，我們的心不是火熱的嗎？

26

若瑟的晚年

若瑟是一株茂盛的果樹，一株泉旁茂盛的
果樹，枝條蔓延牆頭（創 49:22）

聖祖雅各伯覺得自己天年將盡，把兒子召集到床邊。在降福他們之前，先說出一段有關他們的預言，告訴每名兒子他所預見其特殊的命運。及至他所鍾愛的若瑟時，他以熾熱的心情，提醒他，他在埃及時取得的傑出成就，他受提拔高陞僅在法郎之下。他又大聲說，他所目睹的若瑟雖已變得如此傑出，仍會變得更顯著偉大，永無休止。

教會把雅各伯這些臨終時的話語，投射到另一位雅各伯的子孫身上，那就是納匝肋謙卑的木匠若瑟。所談及的顯著，涉及若瑟的尊榮及敬禮、教會託付給他的特別使命及對他的內修生活日益瞭解。

在被提升為瑪利亞丈夫的尊榮之前，若瑟早已取得「義人」的稱謂。可是，他的「正義」，若不是在納匝肋聖家的氛圍中，又能在那裏增加呢？

任何人的身心越接近聖善的泉源，他獲得的恩典就越多。這刻，若瑟目睹瑪利亞純潔無玷的，以及「人而天主者」與日俱增的聖德，他定必大受他們超卓的美德的感染、必定也日進於德。

　　福音告訴我們，僅靠近瑪利亞，那仍在母胎中的洗者若翰已被聖化。同樣，若瑟必定充滿着恩寵。他一直活在「正義的太陽」的光芒之下，祂的母親同樣負有聖化世界的使命。

　　當孩童耶穌懷着孝愛之情擁抱着若瑟時，這種親暱的表現，豈不是親切地分享天主的生命？隨着耶穌日漸成長，若瑟與祂越來越多接觸，愛的傾注和光照自然也就日益增加了。

　　儘管表面上看來，若瑟的一生是在沉默及自我貶抑中度過，但就是這些特質使他能夠作出令人震撼的犧牲。他完全服從天主旨意的迫切需求，慷慨而毫無保留的回應恩寵的推動。因此，他比其他人更屬於這心靈聖善之家——那在白冷天使所稱為蒙祝福的家。

　　不少人的唯一的理想是一心尋求表現自己、突出自己、留名於世。但若瑟的抱負卻祇有一個：完全依靠在天大父，承行受指派的任務，完成他的使命。

　　祂要使自己藉過往的一切來反照當前的處境。他喜愛回憶自己所得的一切恩典、自己的所見所聞及天主如何在一切憂苦與喜樂中，領他得到圓滿的安寧。

　　那些希望深入瞭解若瑟的奧秘的基督徒，可以在他的一生，一如瑪利亞的一樣，發現七苦七樂。在本書接近尾聲時，我們更好手拿念珠，數出天主在他的心靈上刻上的奧秘。

　　若瑟首先嘗到那難以形容的苦惱，他看到他未婚妻身上露出將為人母的跡象。他一想到可能會失去她便心如刀割。可是當天使給他保證，說她是因聖神的工作而懷孕時，他那可怕的惡夢立刻變成讚頌天主之歌，讓若瑟對瑪利亞的尊重和關懷倍增。

他第二次受到利刃穿心的痛楚，就是當耶穌誕生時，白冷所有的客店都把他們拒諸門外，他不得不把瑪利亞安置在馬廄中。然而，當瑪利亞把新生嬰兒交給他時，他把嬰兒擁抱入懷，跪在馬槽前俯首崇拜，看見天主所派遣的牧童，以及來朝的三位賢士，也像他那般朝拜聖嬰時，他多麼快慰。

他的第三把利劍，是身為父親，他必得為兒子施行割損禮，導致祂痛苦流淚及傷口流血。然而，與此同時，若瑟他是首位先說出「耶穌」──這名號是每個世代的人均親切地重複的──來為孩子起名。若瑟意識到這一名字的意義，他預見了救贖的工程將藉這「小嬰兒」的鮮血來完成。

第四苦是由老翁西默盎預言而起的，他打開了未來的面紗，宣布耶穌會成為許多人「反對的記號」，而有一天瑪利亞的心靈要被利劍所刺透。但緊隨而來、讓若瑟感到欣慰的樂是耶穌將是萬民之光明和以色列的榮耀。

西默盎的預言不久就實現了，因為若瑟的第五苦就是逃往埃及。為了把耶穌從黑落德的狂怒中拯救出來，聖家得像被獵殺的野獸一般經沙漠逃亡流徙。但沙漠也為若瑟盛放開花，因為他可以全力以付地服侍自己所愛的兩個人。

他們剛回到巴力斯坦，得知阿爾赫勞——像他父親一般的殘酷和嗜血——繼他父親黑落德作了猶太王後，若瑟就害怕回到白冷。這是第六苦。然而，當傳報救主降生的天使再次從天降來作大使，告訴他要把耶穌和瑪利亞帶到納匝肋定居，建立幸福之家時，他的焦慮頓成了喜樂。

刺透了若瑟的心的第七把劍是當他以為自己在耶路撒冷失去了耶穌的時候。三天之久，他以難以言喻的焦灼遍尋耶穌，幻想祂會遇上甚麼樣的危險和威脅。在找到耶穌時，他是何等的快樂！在他們分離的日子，因著他所受的痛苦，他的愛變得更豐盈了。

這就是若瑟的回憶。事實上，這些考驗從不是他所期待的，但天主卻以無限的喜樂祝福他。

他在心中一再重念昔日多俾亞所聽到的說話：*當你毫不躊躇地起來，放下你的飲食，去埋葬那死者的時候，我便被差遣來試探你。*（多 12:13）他不但毫無怨言，更利用了自己所受的苦楚，增進德行和加強他「愛」的忠信。

至於他的喜樂，他會告訴他的天主這些喜樂遠遠超越了他的功績；他已得到天主的厚待，他的一生難以報謝主恩。他是天主的僕人，滿足於承行祂的旨意；這是他的榮幸，離世時絕無半點遺憾。

27

忠僕之死

福音中有關若瑟的記載，著墨不多，既找不到有關他的出生日期，也沒有他離世的記述。有關他的描述旨在為耶穌的生活——從他與瑪利亞訂婚，直到他的養子長大成人為止——帶來一些啟發。

因此，如果我們要談到若瑟的去世，必須在聖史們的記載以外，加上他們略而不談但可能發生的事蹟。這些事蹟是數個世紀以來基督徒默想的成果。

我們對若瑟的去世時日和當時的光景一無所知；但所有作者都一致同意若瑟是在耶穌公開傳教之前去世的，福音亦已暗示了這一事實。老翁西默盎在「獻耶穌於聖殿」時所作的預示，只單單指瑪利亞而言，說有一把利劍要刺透她的心靈。若西默盎也預見了瑪利亞的淨配若瑟也出現在那高度考驗之時刻的話，他的預言怎會不把他倆聯在一起呢？

沒有。在耶穌受難的時刻，若瑟並不在場。若是他——

這位多年來一直是瑪利亞的忠實守護者——在場的話，耶穌肯定不會把祂的母親託付給聖若望的！

此外，若瑟在默西亞公開生活時從未露面，也從沒有被提及。然而，加里肋亞人卻說耶穌是木匠的兒子，這意味着若瑟剛去世不久，相隔的時間不足以遺忘那被視為父親者。

如在耶穌公開傳教時，若瑟仍然在世，極可能引起基督的聽眾產生誤會。祂不斷使用「我父」一語，肯定會引起一些思想上的混淆。

據我們所知，若瑟並非在老年去世的。他在結婚時可能祇比瑪利亞年長一點，估計他去世時不會超過六十歲。

然而，他從未間斷辛勞的工作，讓他心力交瘁。耶穌一點點的接管了工作坊內最繁重的工作，讓若瑟做那些較輕鬆的工作。瑪利亞給若瑟焦慮的關懷及對他的專心照顧，祇能把他離世的時刻稍微推遲。

某個黃昏回到家時，這位從不抱怨的若瑟，不得不承認他確實十分疲憊。他頭痛、四肢僵硬、身體冰冷、心臟衰弱。耶穌和瑪利亞讓他躺在草蓆上，靜候一旁，盡可能為他減輕痛楚。

若瑟意識到他離開塵世的時刻已到。一如既往，除承行主旨外，他沒有別的願望：他是上主的僕役，完全捨棄自己，服從上智的安排。

他迎接疾病，就如他歡迎天主給他的指示。他視疾病為天主——他的上主和主人，及已指定了他離世的時刻的位——的使者。死亡就是侍奉上主和崇拜祂最卓越的方式。

他預料到他的工作已完成了。他也知道自己已盡己所能地做到最完美。永恆的天父把降生的聖言和祂的母親託付給他，使他成為他們的護衛者和父親。他沒有給他們提供奢華或富裕，而是藉著天主的助佑，為他們提供了必需的罷了。他的學徒已有一段長時間不需要他的協助。他的兒子已成了木匠大師了。

因為他是若瑟，所以他也意識到他的存在可能成為耶穌的障礙，而不是幫忙。世人再也不需要相信他是耶穌的真正父親了。

他從沒有問過他的養子任何有關祂顯示的時日或方式。也許他因耶穌的生活是那麼平凡普通而感得意外——他只是一個不為人知的木匠而已。然而，他也知道這樣的情況是不會繼續下去的。耶穌給世人顯示自己是天主所派遣的默西亞的時刻，不多久便要到來。

他說：「是的，我應該離開這世界了，這是對的。」

然後，他記起了西默盎的道別讚歌，此刻最適合他重複的詩句。

「主啊，如今我——祢的僕人——可以平安離去了。我已保守了那不可言喻的秘密。對我自己，我甚麼也沒有保留。我不曾為我自己的益處保留甚麼，我從沒有違背祢的計劃。我不能親眼看到祢給世界許下的救贖的全部彰顯。在默西亞身上，我祇看到謙遜和隱藏性。直至現在，祂的生活和我的一樣，在工作坊裏度過。如今祂仍未開展祂的使命，祂是世界的救主與全人類之光。那些啟示也許並不適合我，但我所看到的足以讓我詠唱我妻教給我的「謝主曲」了。我參與了播種。意識到收獲的時刻已經臨近為我已感滿足。收割的時刻我不必在場是最好的，好使世人更容易相信耶穌按肉身而言是沒有父親的。」

即使他沒有把這些想法道出，這一切思緒一定湧現在他的腦海。他是那樣的慣於沉默，好讓天主說話，以致他在去世前也感到不應打破自己的沉默。聖方濟各·沙雷氏（St. Francis de Sales）把下面的話放在若瑟的口：「噢！我兒、我的耶穌，既然在你降生世上時，祢在天之父把祢的身體放在我的手中；所以在我離世的這一天，我把我的靈魂交託在祢的手中。」

他悄悄地、默默地，沒有留下任何遺言、沒有遺囑、沒有任何證據，他為死亡作好準備。那時病人傅油聖事還未建立，他未能領臨終聖體或病人傅油；可是他靠近的是「恩寵之源」以及「恩寵中保」，二者向他傾注無限的愛和感激。

在柏特肋蘭尼神父（Fr. Patrignani）所著有關聖若瑟的傑作中，默想到若瑟彌留時寫道：「一直侍立在你床邊的耶穌和瑪利亞，彼此爭相服侍你，像你一生在服侍他們那樣。他們輪流地給你侍奉湯藥，他們竭盡所能幫助你。耶穌以永生的話語堅固你；瑪利亞以她最大的溫柔慈愛安慰你。耶穌多次用清涼的手放在你的額上，瑪利亞屢次濕潤你乾澀的嘴唇。啊！至偉大的聖者，你必定在天主之子堅持到底的愛中，在天主之母的安慰中逝去。」

在最後的時刻，耶穌雙臂環抱着他；祂告訴若瑟他們分離的時間並不會太長遠，不多久之後，他們會再度相見。耶穌告訴他天父在叫他參與永恆的筵席時，若瑟緊記着祂的話：「良善忠信的僕人，服務的時間已滿，你要進入天主的殿，接受你應得的賞報吧；因為我餓了，你給了我吃的；我渴了，你給了我喝的；我作客，你收留了我；我赤身露體，你給了我穿的……。」

若瑟一生和路西法(Lucifer)對抗，他只有一個想法和渴望：服侍天主他的上主——像孩童一樣，在天主的溫馨慈愛中逝去。

這樣的死亡是完美的、平和的、快樂的，因為他在耶穌和瑪利亞的臂彎中逝去。多位教宗，特別是庇護九世、良十三世和本篤十五世等確定了基督徒長期以來對聖若瑟的敬禮，並將聖若瑟定為忠誠的基督徒的臨終主保。他們鼓勵所有信友呼求聖若瑟拯救他們於永死的危險之中，並為他們祈求在回歸「生命之主」時，能像若瑟一般，得享安寧和喜樂。

耶穌和瑪利亞為若瑟閉上雙目，給他傅了油，並用灑上沒藥的細麻布包裹他的身體。稍後，他們穿上斗篷，蓋着頭，隨着由青年們扛在肩上的靈柩，步進埋葬之所在地。

在其公開生活中，耶穌曾為死去了的拉匝祿哭泣。如今祂一定為祂的義父若瑟流下了不少眼淚；而那些看到祂哭泣的人，會說出了那時在伯達尼的人所說的話：**看，祂多麼愛他啊！**

納匝肋的村民跟隨着殯葬行列。若瑟的親屬、鄰居、顧客都在那裏。他們對這義人說出何等讚美的話；他唯一的渴望就是恭敬天主、敬重鄰人。他們談到他的生平，他的一生就是對驕傲、自私的譴責，而這沉默寡言的人，從沒有對任何人說過一句不友善的的話；有關這位良善心謙、溫文爾雅的義人，全沒有一絲怨恨、從不加入政治鬥爭；這位達味的後裔，從世冑豪門沒落到貧寒之戶，毫無怨言地接受了他的卑微景況。

隨後，耶穌和瑪利亞回到家裏。沒有了若瑟，他們但覺無比的空虛。按照習俗，他們得把門戶打開八天，來迎接親朋戚友，讓他們到來向他們表示同情及慰問。

若瑟的靈魂進入了陰府，對那些自開天闢地以來一直在那裏等待着的義人宣布他們即將進入天主的樂園。懷着充分的瞭解，他可以對他們說：「你們的救贖就在眼前。救贖主已在世上。不久之後，天堂之門要為你們打開。」

義人們發出喜樂和感激的歡呼。他們圍着若瑟，唱着讚美之歌，在未來的世代中，連綿不絕：

向我們宣布救主將要來臨的你，當受讚美！
你所懷抱的厄瑪奴耳，當受讚美！
你的可愛淨配童貞瑪利亞，當受讚美！

28

尊榮之若瑟

天主既使你知道這一切⋯⋯
　　　你要掌管我的朝廷
　　　　　　（創 41:39, 40）

　　沒有任何傳統記載若瑟的安葬之地，也沒有安放他聖髑的地方供人敬禮。若瑟生時寡言，死後也沉默；除對真正光榮必要的以外，若瑟被剝奪了所有的一切。

　　無論如何，若瑟就像鮑素艾所說的：這位聖人明白「隱藏在基督耶穌之內就是最大的榮耀」。他沒有追尋世人所羨慕的，而祇尋求取悅天主。他把自己屈服在天主聖意之下已是他爭取得到最大的喜樂，那麼所有這些只是天主給他冠冕的前奏。按照他的謙卑自下，他的被提舉也是相稱的。由於他不曾設法在人前顯露，所以會在他們眼前受到尊榮。因為他喜好隱藏和不為人知，天主會讓他的光芒照耀普世。然而，天主願意世人親自去發現他的偉大，好能更感受到他所散發的光輝，好像要在他身上證明雅各伯對舊約的若瑟所作的預言：*Joseph accrescens*，若瑟終究要被高舉起來。

　　在若瑟去世後，瑪利亞肯定對聖若望及其他宗徒談及他，說他一直如此虔敬的愛護她，而她也以純潔無瑕的溫柔愛着他。或許可以說，有關於聖若瑟的第一篇頌詞是由瑪利亞講述的。

初期基督教會沒有對聖若瑟的任何敬禮，或者至少沒有任何敬禮的痕跡被發現。他的名字和記念被暗晦包藏起來，就像他在塵世生活時那般完全的靜寂，似乎在他的天國生活加以延續，彷彿有關他的一切，永遠不為人知。

這種明顯的忽略，是不難解釋的。由於教會初期仍處於掙扎和形成的狀態，在對他的淨配瑪利亞受尊崇之前，有必要讓她的無玷童貞被承認和受敬重；同時，也要使她聖子的天主性得到完善的確立。若贊同對聖若瑟的敬禮，教會擔心會產生誤解；即對他的尊崇，可能被視為是按照耶穌在肉身方面的父親而獻給他的。

此外，初期基督教會給予某些聖者的敬禮，尤其是耶穌的前驅聖若翰洗者、宗徒們和首批殉道者時，聖若瑟似乎被遺忘了。儘管如此，在許多教父的講道中，經常提及若瑟的名字以及對他作為耶穌的養父之職。尤其是在奧利振、聖額我略·納祥、金口聖若望的作品，特別是聖奧思定的作品中，往往可見有關他(若瑟)的奇妙神學的種子，讓它在日後蓬勃發展。那晦暗並不是完全的，儘管給他的讚頌並不包括呼求他代禱的經文。

漫長的拖延起到了作用，使這榮耀變得更加輝煌。總有一天，他要得到榮冠——那時候，天主不再任由在世對祂表現出那般服從的那位長久地留在暗晦之中。

第十二世紀時，聖伯爾納鐸藉強調他的無可比擬的聖善，將自己和人們的心意導向這位聖祖。他尚未鼓勵信眾呼求若瑟的助佑，但伯爾納鐸強調他的德行，為日後基督徒對若瑟的敬禮奠下了基礎。

之後，對聖若瑟的敬禮日漸風行。在十四世紀時，Pierre D'Ailly 樞機撰寫了有關聖若瑟的第一部神學論文。他的弟子——巴黎大學的 Gerson 校長，在一篇強有力的教理論文中，列舉了世人應該尊敬聖若瑟的理由。及後，十五世紀的偉大傳教士，方濟各會會士西恩那、十六世紀的依西多祿(Isidore of Isolanis)、還有在同一世紀的加爾默羅修會的改革者亞維拉的聖女大德蘭，在他們的巨大影響、教導、著作及表樣下，對聖若瑟的敬禮普及了起來。

從那時起，基督徒對聖若瑟的敬禮不斷增加，並發揚光大。似乎教會有意加倍償還長久以來對聖若瑟應有的敬禮。

1871 年 7 月 7 日教宗庇護九世(Pius IX)在宗座牧函 *Inclytum Patriarchum* 中宣稱：「羅馬宗座——我們的前任們，為激發信眾對聖祖［若瑟］的敬禮和崇敬之心，鼓勵他們更強烈地信賴他向天主轉求的大能，盡量在可能的情況下以新的形式使用已認可的公開敬禮。

在各任教宗之中，首先提及西斯篤四世(Sixtus IV)。他把聖若瑟的名字加入羅馬日課和彌撒經書裏；額我略十五世在 1621 年 5 月 8 日欽定他的瞻禮應在普世以複式慶祝；克來孟十世(Clement X)在 1670 年 12 月 6 日，將該瞻禮提升為二等複式的瞻禮；克來孟第十一世(Clement XI)在 1714 年 2 月 4 日的法令，以彌撒及恰當的日課豐富該節日；

最後，本篤十三世在 1726 年 12 月 19 日諭令把聖若瑟的名字包括在諸聖禱文中。」

庇護九世在位第二年亦宣告把早已在某些地方慶祝的聖若瑟主保瞻禮擴展到普世。之後，為回應世界各地無數的請求，他在 1870 年 12 月 8 日隆重地宣告聖若瑟為普世教會的主保，法令寫道：「由於天主確立雅各伯之子聖祖若瑟作全埃及的宰相，以確保有足夠的糧食保存民眾的生命，於是在指定救贖世界之時，祂揀選了另一位若瑟，前者是其預象。祂立他為王子，掌管祂的家和祂的產業，並把最寶貴的財富託付給他。」

教宗良十三世在 1889 年 8 月 15 日頒布了《豐沛恩寵》通諭，提出若瑟被指定保護教會的特殊原因。

若瑟名正言順的被委任為主保，因為他曾在納匝肋的家對瑪利亞和耶穌行使了一家之主的職責。由於他被天主委派為聖家的供養者和護衛者，以及作天主之子和祂母親的監護人，教會就是從這裏得到她的理論基礎。可以肯定的是他在天堂上會繼續他在世時已經開展的美好使命。

他守護着基督的奧體，即教會，就如他曾照管嬰孩耶穌一樣地看守着她；看着她的成長，並保護她免受敵人的侵害。

事實上，今天對聖若瑟的敬禮日益蓬勃，祇有很少的小堂或聖堂沒有獻祭台給聖若瑟的，或者放置他的聖像的。要數出有多少修會、醫院、學校及其他機構奉聖若瑟為主保的，簡直是沒有可能。特別敬禮聖若瑟的，每星期的有星期三，每年的有三月份。愈來愈多基督徒向聖若瑟舉行特別的敬禮，作出慷慨的犧牲奉獻，以求在教會的懷抱中為他帶來更大的榮耀。無數教友向羅馬請求，把聖若瑟的名字加在懺悔經中聖母的名字之後，或是在感恩經中加入他的名字[1]。

謙卑的若瑟凱旋式的取得進展是建立法郎的預言上，他在埃及對他的宰相說：天主既使你知道這一切，就再沒有像你這樣聰敏富有智慧的人了。你要掌管我的朝廷，我的人民都要服從你的號令⋯⋯遂由自己手上取下打印的戒指，戴在若瑟手上，給他穿上細麻長袍，將金鏈戴在他的頸項上；又使他坐在自己的第二部御車上，人們在他前面喊說：「跪下！」（創 41:39, 43）

---

[1] 梵蒂岡第二屆大公會議第一會期結束時（1962 年），教宗若望廿三世宣布將聖若瑟的名字加入感恩經第一式裏（英語出版商註）。

29

次於聖母的最偉大聖者

法郎……又使他坐在自己的第二部御車上，
人們在他前面喊說：「跪下！」

（創 41：43）

十六世紀以後的神學家之間取得共識，將若瑟的顯赫和其他聖人的作比較，好讓他們精準地確定，他在天堂上天主加冕的諸聖中所處的地位。

通常在他們的討論中，往往回到幾個世紀以前聖額我略·納祥曾經寫過的：「無論其他人擁有甚麼光輝和壯麗，天主總會如同太陽一樣和若瑟結合在一起。」

沒有人懷疑當天主指派一個人去執行某一個使命時，祂一定賞賜那人靈所有必需的天賦，好完成該項使命。繼瑪利亞──聖言之母之後，再沒有人有更高的召叫可比得上若瑟的了。他是基督的養父以及祂母親的丈夫。坦白說，除聖母以外，沒有其他受造物更靠近那位「人而天主者」的了，從而擁有同樣聖寵。

教宗良十三世在他的《豐沛恩寵》通諭中回應這一論點：「肯定的是，天主之母的尊位是如此崇高，以致它無可逾越。然而，由於她和若瑟在婚配的緊密結合，毫無疑問，他比任何人都更接近那超越的尊位，它使瑪利亞遠遠超乎所有受造物之上。」

由於他在懷中抱着的「那一位」是教會的心臟與靈魂，因此可以說他在伯多祿——這磐石基督宣稱要在它上建立祂的教會——之上。

他和基督親密地活差不多三十年。在不斷的默想祂的一生，他的顯赫地位超越了聖保祿（基督曾向他揭示了如此崇高的奧秘）的。他也比聖史若望（他的榮幸是有一次靠在耶穌的腔膛上）更偉大，若瑟一次又一次的聽到嬰兒耶穌的心脈跳動。他的地位也比其他門徒高，他們祇不過是到處傳揚若瑟給耶穌所起的名字罷了。

把若瑟放在聖若翰洗者之上似乎是更難的一回事，因為基督曾經說過：「**我實在告訴你們：在婦女所生者中，沒有興起一位比洗者若翰更大的。**」這問題不難解決。耶穌說這些話時，是將若翰和舊約的先知們作比較。先知們預告了祂的將臨，而洗者若翰則宣稱祂已到來，並且給人們指出了祂。我們也可以說：耶穌的這番話，是為了把若翰，舊約中最偉大的先知，放在那些新的受召選進入天國的顯赫者之上，而這國度是以地上的教會作基礎的。為了這緣故，祂加上了一句：*Qui minor est in regno coelorum major est illo.*（但在天國裏最小的，也比他大。）這可以翻譯為：「無論結束舊約的洗者若翰是多麼偉大，都不及新約中一位最小的基督徒。」

聖若瑟在諸聖中的優越地位的教義，在今日獲得極有分量的保證。它趨向於成為教會的普遍教義。[1]在這一點上，教宗良十三世的宣言尤其具有啟發性。

其他有關聖若瑟與聖母有關的特恩等問題，目前正由傑出的神學家討論。但是無論如何，得出的肯定結論，必須建基於無可置疑的論據上。

固然，認為若瑟是始胎無染原罪，是絕對沒問題的。也有些人認為他在出生時被聖化。他們說，若是有些聖者有這種特恩——例如耶肋米亞、洗者若翰——難道竟不把這特恩付予那命中注定是要超越其他所有的那一位——聖母瑪利亞的淨配？這是哲爾松（Gerson）、聖亞豐索和不少神學家的觀點。他們認為耶穌養父的使命，讓他如此親近救贖主，因此有需要在他在出生之前獲得聖化。

那些持有不同意見的神學家提出反對的看法，認為出生時已受聖化祇是一種為公益而賦與的特殊恩寵。這聖德在若瑟出生前並不是必需的，因為他的使命實際上僅從他和瑪利亞訂婚時才開始。蘇亞雷斯對瑪利亞淨配的預先聖化論的一個相當合理的結論是由於它並不是來自任何聖經文本，因此它必須取決一些由大多數教父提出的權威理據，而事實並非如此。

關於若瑟是否本身沒有肉身的貪慾、或它是否受到制止、又或是否為特有聖寵所窒息，以致不容許他犯任何罪，甚至不可能犯小罪。這問題，仍有分歧。我們認為，事實並非如此。它是一項沒有理性支持的理論，且又無法

---

[1]　參看《神學辭典》（*Dictionnaire de théologie*), t. 8, col 1516

得到論據證明。即使原罪的玷污存在，要承認這一特殊的、絕對的、完全的特恩，並非不可能，但無法從神學上得到證實。

唯一可以確定的是，若瑟和瑪利亞（她是始胎無染原罪的，從不抗拒接收恩寵）在恩寵內結婚後，從與她無間地作伴獲益良多，看到自己在靈魂上的超性寶富是不斷地日益增加的。他一直以在人的能力所及的範圍內提升自己，達到非常完美的程度，以致罪過跟他是無關的。

有些作者，包括蘇亞雷斯、聖伯爾納定（St. Bernadino of Siena）、聖方濟各·沙雷氏（St. Francis de Sales）和鮑素艾，甚至某些教父都深信，若瑟在聖史瑪竇所提及的聖人——他們在耶穌死後及在耶路撒冷顯現給很多人之後，從墳墓中復活起來——之列（瑪27:52–53）。

聖多瑪斯說他們的復活是確實而又絕對的。聖方濟各沙雷氏甚至寫道：「若確實如此，正如我們所必須相信的，既然我們接受了聖體聖事，我們的肉身將要在審判之日復活，我們怎可以懷疑我們的救主，把聖若瑟的靈魂肉身一起帶進天堂這事？聖若瑟的尊榮和恩寵就是常能把嬰兒耶穌抱在懷中，而祂又是那麼愛他。聖若瑟的靈魂和肉身同在天堂，這點是無從反對或懷疑的。」

持這觀點的人提出這一論據，說耶穌揀選了一些復活了的人作祂的護從，以強調祂的復活並增添祂的光榮凱旋，把祂自己的養父列於首位。此外，要是若瑟不是靈魂和肉身都在天堂上，那麼尊榮的聖家豈不是欠缺了備受舉揚的一位？

這些無疑都是相當合理的推猜，然而無法證實。我們可任意選擇同意或否定它們。那些持相反的意見的人深信在天堂上僅有的光榮肉身者，就是我們的主和祂的榮福母親。

至於有些人希望把若瑟冠以「同贖世者」的稱號，他們在這方面的努力是不明智的。把「同救贖世者」應用在若瑟身上，等同於把它應用在所有選擇把他們的功績和痛苦與耶穌基督的那些結合起來的人，如同聖保祿所說的：**補充基督的苦難所欠缺的**。固然，對若瑟來說，在稱號這方面可能有較貼切的意義，因為他曾保護、養育並愛護了這位背負着十字架的神聖犧牲。他預先把祂奉獻於聖殿，作為自己的祭品；又為了耶穌的緣故，他忍受了許多痛苦；它們的贖罪功績，因基督的寶血而使整個人類都受益。

最後，為了稱頌聖若瑟的偉大而堆砌起一大堆超乎尋常的頭銜是不必要的。祇要記取他樂於謙抑自己便足夠了，以耶穌的話說：**所以，誰若自謙自卑如同這一個小孩，這人就是天國中最大的**。

30

基督徒的模範

我們的前輩或許比我們更瞭解到天主關心我們、我們每一件最細緻的事、以及我們的命運，所以他們開始研究「若瑟」這名字[1]。他們發現若瑟一名的每一個字母，都表明了這聖人傑出德行：

J	代表正直	（Justice）
O	代表聽命	（Obedience）
S	代表沉默	（Silence）
E	代表經驗	（Experience）
P	代表明智	（Prudence）
H	代表謙遜	（Humility）

我們可能對這近乎兒戲的簡單看法覺得可笑，但事實上，在若瑟身上已具備所列舉的基督教傳統德行特徵。

所有福傳的完美成全，都可以在聖若瑟身上找到。天

---

[1] 參看 Isidore of Isolano, *The Sum of Saint Joseph's Gifts,* Vol. 1, p. 60, 2nd ed 。

主上智傾注的安詳寧靜，在他身上顯示出來。

尊榮的地位在於聽命。聖史們每一次提到若瑟時都指出他在實踐這一德行。「起身，若瑟便按着所命令的做了。」他便起來這句話，這聖經上用作「速決」的表達，表明了他的敏捷，即把他的全部精力投入他的任務中。

若瑟在我們眼中是天主的忠僕——是天主可以向他作出任何要求的——就像福音中那位百夫長命令他的僕人：你去，他就去了……你來，他就來……你作這個，他就作。

直至此時，耶穌還未教人誦念「天主經」；然而，若瑟已在一生中一再覆述着中心的一句話——父啊！惟照祢的意願成就吧！他完全明白一個受造物最大的智慧就是依靠他的造物主而活；就像聖子進入世界時把自己獻作全燔祭：父啊！看，我已來到，為承行你的旨意。

每一次來自天上的旨意啟示時，若瑟就像一名溫馴的孩子獻出他自己，準備回應每一個召叫，每一個承擔，每一個犧牲。他一生的整個安排，都放在天主手上。他時時傾聽，時時服從，他不知道天主會領他到那裏去，但天主對這的知悉為他已足夠了。他從來沒有想過不服從的；他沒有爭執，永不背向上主；從不反對，也不要求解釋。他不理會對自己怎樣的對待；事先沒有任何提示不會使他遲遲不行。沒有甚麼能讓他退縮，直到生命的盡頭。

服從是堅強而又謙遜的成就。祇有天主才能瞭解若瑟極度的謙遜。由於使命，他知道天主對他的眷顧是前無古人，後無來者，然而他既不因自己的使命灰心喪氣，亦不會得意揚揚。他從不曾夢想過在降生的偉大奧跡中佔一席之地。他沒有利用天主子的養父身分，使其與別不同，或擔當重要的角色。許多人可能因驕傲而把自己的光芒顯耀，而他則以聖母謝主曲——他非常明白這頌歌——的精神，選擇把他自己深深的藏在幽暗處。

他若是察覺到自己有某些優點，他就會承認那是天主的恩賜。祇是藉着他的簡樸及謙遜自抑，他才與眾不同。他甚至能比依撒伯爾更真誠的說：**吾主的母親駕臨我這裏，這我那裏得來的呢？**而比洗者若翰更有理地說：**他應該興盛，我卻應該衰微。**

他的唯一可驕傲之處，在於能靜靜地、平和地、無聲無色地承行天主的計劃，以致聖史們沒法記載他親口說的話。在天主安置他的所有意想不到的環境中，他都能保持鎮定與沉默。他知道僕人的職責不是說話，而是靜聽主人的聲音；為與主共融和與祂保持密切的接觸，那靜默是必要的條件。

我們不要因若瑟沒有說任何的話而感到惋惜，因為他教給我們的正是靜默。他知道天父已把一項秘密託付給他，為了更好的保守它，任何微細的跡象都不可透露出來。他不希望任何遇見他的人會認為他不只是一個每天掙錢養家的普通工人，因此他不留下任何跡象或一言半語，以免它們成為聖言顯示的阻礙。

這種靜靜的自我貶抑，不單表示他視自己在天主面前是個虛無之物，而是對天主的偉大的一種敬意。他屏息靜氣，驚訝於天主對一個像他那樣可憐的、毫無價值的受造物所施的奇跡。他覺得自己被榮耀所重壓，祇有靜默才可表達出他感激之情。對發生於他周圍的奧秘，他完全的順服，他需要更多、更深入透徹的沉默和反省，去默想那些恩寵、那些埋藏在他心內的奧秘。

令人遺憾的是，有些人在沉默的若瑟身上只看到他是一個可憐的、古板的聖者、在數百個世紀前生活在一個寂寂無聞的小鎮上的一個木匠、肯定對今天的我們沒有任何教導。

他們犯了一個大錯！剛好相反，若瑟確實教導這世代最迫切、最需要的——謙虛和順從。沒有任何其他典範可以給這世代的人如此急需明白那令人成為真正的偉大之處。他們祇重視刺激、喧鬧、動人的外表以及急功近利而已，對退隱與安靜的好處、寧靜和默觀的信心已失去了。現今世界分秒必爭，這些古樸的德行在不少世人眼中已經過時、落伍、無用了。

對世俗的人來說，任何與中產階級的福利相反的，都是可詛咒的。一切都必須有助於提升個人及其應享有的權利。大多數人的夢想就是為自己掙到名譽，顯赫的地位，好讓其他人屈服於他們。

若瑟教了我們真正的偉大在於服侍天主和我們的近人，唯一真正收穫在於不求炫耀及璀璨的生活，而真正驚人的作為就是誠心誠意的完成我們的職責，不管它是多麼的低微。這樣，他們必能中悅天主。他們不求什麼，祇求祂的忻悅、服從祂的計劃。他們祇害怕的一件事，就是沒有盡可能忠信地侍奉祂。

若瑟在我們面前是一位成全的僕人——忘卻自我，祇尋求他主人的榮耀，安排他的生活遵行那獲得光榮的路向。他不願意讓自己的行為在世人眼中閃耀，他的內心深處燃着愛火——永遠留意着天主聖意最微細的指示。

為了提醒我們內修生活和默觀生活的重要性，聖若瑟教導我們外在的行為該服從這種生活、克苦必須先行——這對那種生活的豐碩成果是不可或缺的。

若瑟最後的一句話就是：最重要的不是出現，而是臨在；不是頭銜，而是服務；在於承行天主的旨意，並在尋求天主的光榮中度過此生。

彷彿在讚美若瑟令人驚嘆的聖善，以及隱居生活的光輝，耶穌基督大聲的說：父啊！天地的主宰！我稱謝祢，因為祢將這些事瞞住了智慧和明達的人，而啟示給小孩子。（瑪 11:25）

書　名：沉默的若瑟
作　者：Michel Gasnier O.P.
譯　者：梁偉德
譯　自：*Joseph the Silent*（英文版）
授　權：PROPRIETAIRE YVES BRIEND ÉDITEUR S. A.
　　　　© Yves Briend Editeur / Salvator, Paris, 1960
准　印：天主教香港教區宗座署理 湯漢樞機
　　　　2021 年 6 月 4 日
出　版：清泉出版社有限公司
　　　　香港九龍尖沙咀柯士甸道 103 號
　　　　綱　　　址：http://www.spring–books.com
　　　　電 子 郵 箱：info@spring–books.com
承　印：清泉出版社有限公司
版　次：2021 年 6 月 26 日

版權所有　翻印必究

ISBN 978–988–79408–3–8 (Paperback)
ISBN 978–988–75984–1–1 (eBook)

www.ingramcontent.com/pod-product-compliance
Lightning Source LLC
Chambersburg PA
CBHW020953160726
47994CB00006B/2206